Wolfgang Venohr
Fritz der König

WOLFGANG VENOHR

FRITZ DER KÖNIG

Leben und Abenteuer Friedrich des Großen
mit Bildern von Adolph v. Menzel

Gustav Lübbe Verlag

»Zum Sieg! Zum Sieg!
In' Staub mit allen Feinden Brandenburgs!«
Heinrich von Kleist

Für Sabine und Woldemar

Originalausgabe

Schutzumschlag und Layout: Manfred Peters, Bergisch Gladbach,
unter Verwendung einer Federzeichnung von Adolph v. Menzel
Satz: Satzstudio Keßler, Köln-Porz
Druck und Einband: Wiener Verlag, Himberg

Printed in Austria
ISBN 3-7857-2035-1

2 4 5 3 1

Sie finden uns im Internet unter: http://www.luebbe.de

Vorwort

Dies ist die Bildergeschichte vom jungen und vom alten FRITZ, dem größten König Preußens. Es ist eine Abenteuergeschichte: spannend, kurios und bewegend vom ersten bis zum letzten Augenblick. Kaum ein anderer Mensch hat ein so abenteuerreiches, aufregendes Leben geführt wie FRITZ, der König.
Diese Geschichte hat Adolph von Menzel gezeichnet, einer der größten Maler und Illustratoren, die es gegeben hat. In Hunderten von wundervollen Federzeichnungen hat er uns einen unvergleichlichen Bilderbogen des achtzehnten Jahrhunderts hinterlassen: so genau, in jeder Einzelheit exakt und realistisch, wie es Foto, Film und Fernsehen – hätte es sie damals schon gegeben – nicht besser vermocht hätten.
(Die kleinen Randbemerkungen unter dem Zeichen * enthalten Menzelsche Originalanmerkungen zu einigen seiner Bilder, durch die sich jedermann selbst davon überzeugen kann, mit welchem Realismus und mit welcher Akkuratesse Menzel damals recherchiert und produziert hat.)
Aber Menzel war weit mehr als ein zeichnender »Fotograf« oder »Kameramann«. Er war ein begnadeter Künstler, der von tiefer Begeisterung beseelt war und ein klares politisch-historisches Bewußtsein hatte. Was sein Verhältnis zu FRITZ, dem König betrifft, hat er selbst geschrieben: Es sei seine Absicht gewesen, »den Fürsten darzustellen, den die Fürsten haßten und die Völker verehrten ... mit einem Wort: den Alten Fritz, wie er im Volke lebt«. Ein Bild und eine Sicht Friedrichs des Großen, die gerade in unseren Tagen wieder aktuell wird.
Alle Illustrationen dieses Buches, ohne Ausnahme, stammen von Adolph Menzel. Sie sind vier Quellen entnommen:

1. »Geschichte Friedrichs des Großen«. Geschrieben von Franz Kugler. Gezeichnet von Adolph Menzel, Leipzig 1840.
2. »Illustrationen zu den Werken Friedrichs des Großen«. 200 Holzschnitte nach Menzel, Berlin 1846 – 1857.
3. »Aus König Friedrichs Zeit«. 12 Kriegs- und Friedensbilder, gezeichnet von Menzel, Berlin 1856.
4. »Germania«. Von Johannes Scherr, Stuttgart/Berlin 1878.

Die Idee zu diesem modernen Bilderbogen, der vor unseren Augen wie ein Film aus lauter Standbildern abläuft, hatte Wolfgang Venohr, der als intimer Friedrich- und Preußenkenner auch die knappen Kommentartexte zu den Menzelbildern schrieb; und zwar so einfach und zugleich informativ, daß sie jeder verstehen kann. Mit behutsamer Hand, die Kunstwerke Menzels nicht berührend, hat er schließlich die unterhaltsamen Sprechblasen entworfen, die den Originalton von damals wiedergeben.
So soll in des Wortes Sinne ein Lebensbild entstehen; ein Leben in Bildern also, das des Anschauens wert ist. Und so gehe sie nun hinaus, die alte und immer wieder neu faszinierende Geschichte von FRITZ, dem König: einem jeden Leser zur Freude und Unterhaltung, zu Nutz und Frommen.

DÄNEMARK
Gottorp
HOLSTEIN
Stralsund
VORPO
MECKLENBURG
OST-FRIES-LAND
Hamburg
HANNOVER
LÜNEBURGER HEIDE
Elbe
Rheinsberg
Ruppin
NIEDERLANDE
Ahlden
BRANDE
Nauen
Spandau
Charlottenburg
Potsdam
Lingen
FSM. MINDEN
Hannover
Braun-schweig
Salzdahlum
Magdeburg
Calenberg
Wolfenbüttel
GFT. RAVENSBERG
Kleve
Wesel
HZT. KLEVE
Quedlinburg
Zerbst
Wittenbe
Bevern
ANHALT
Köthen
Dessau
GRAFSCHAFT MARK
Geldern
Mörs
Kaiserswerth
HZT. WESTFALEN
Halle
Leipzig
Venlo
Düsseldorf
HZT. BERG
Kassel
SACH
HZT.
HESSEN-KASSEL
Weißenfels
Meuselwitz
Jülich
Köln
JÜLICH
Bonn
Gotha
Gera
Altenburg
Kesselsdo
Rhein
Saalfeld
Koblenz
Frankfurt a. M.
Alzenau
Dettingen
Koburg
Main
Mainz
Kulmbach
Trier
KUR-
Darmstadt
Bamberg
Bayreuth
Worms
Erlangen
BÖ
PFALZ
Mannheim
Heidelberg
Nürnberg
Speyer
Ansbach
PFALZ
Philippsburg
Sinsheim
Steinsfurt
LOTHRINGEN
HZM.
Ludwigsburg
Straßburg
Rhein
Stuttgart
Cannstatt
Höchstädt
WÜRTTEMBERG
Donauwörth
FRANKREICH
ELSASS
Hohenzollern
Augsburg
BAYERN
Donau
München
BREISGAU
Freiburg
SCHWEIZ
TIROL

Königsberg
Trakehnen
ERMLAND
OSTPREUSSEN
WEST-
PREUSSEN
Weichsel
POLEN
Warschau
Glogau
NIEDER
SCHLESIEN
Wohlau
Liegnitz
Breslau
Kath. Hennersdorf
Striegau
Hohenfriedeberg
Ohlau
Mollwitz
Brieg
Grottkau
Oppeln
SUDETEN
Trautenau
Soor
Eipel
Neiße
Oder
OBER-
SCHLESIEN
Glatz
Ottmachau
Schnellendorf
Elbe
Aupa
Chlumetz
Königgrätz
Jägerndorf
Troppau
Teschen
Chotusitz
Czaslau
Doubrawa
Sazawa
Olmütz
MÄHREN
Brünn
Jablunka-Pass
WEST-BESKIDEN
UNGARN
NIEDER-
Pressburg
Donau
Wien
MARK
ÜBERSICHTSKARTE
Grenze des
Heiligen Römischen Reichs
Wichtigste Staaten

Sensation in Berlin.

** Hofherold, nach dem Werke über König Friedrich I. »Krönung und Hofhalt vom Jahre 1701« gezeichnet.*

Es ist Sonntag mittag, am 24. Januar 1712. In Berlin, der Hauptstadt des Königreichs Preußen, herrschen Jubel und Aufregung. Königliche Herolde * eilen durch die Straßen der Stadt und verkünden den etwa 50 000 Einwohnern, daß im königlichen Schloß soeben ein Prinz geboren wurde: ein Sohn des preußischen Kronprinzenpaares. Die Hofherolde fordern das Publikum auf, zum königlichen Lustgarten vor dem Berliner Schloß zu kommen, wo es zur Feier des Tages kostenlos Wein und Brezeln gibt. Und das Volk strömt herbei, um sich zu belustigen und dem Neugeborenen zu huldigen.

Das Berliner Schloß.

Berlin, inmitten der Mark Brandenburg, an Spree und Havel gelegen, ist die Hauptstadt eines Landes, das damals zwei Millionen Einwohner zählt und sich *»Preußen«* nennt. Dieses weit abgelegene, in Europa ziemlich unbekannte Preußen ist einer der ärmsten, rückständigsten Staaten im Deutschen Reich. Ein unterentwickeltes Gebiet also. Aber der königliche Hof zu Berlin lebt – wie alle fürstlichen Höfe Europas damals – in Saus und Braus, in Pracht und Verschwendung. Fanfarenstöße aus dem Schloß* künden aller Welt, daß dem Kronprinzen Friedrich Wilhelm und seiner Frau Sophie Dorothea ein *»engelschönes Kind«*, ein Sonntagsprinz, geschenkt wurde. Und das Volk von Berlin ergötzt sich im Lustgarten an dem prächtigen Bild der eleganten Kavaliere und ihrer geputzten Damen, die in vierspännigen Karossen vorfahren und in das Schloß zur Gratulationscour eilen. Seit dem Tode des Großen Kurfürsten, 1688, hat man Berlin nicht mehr in solcher Bewegung gesehen.

**Das königliche Schloß in Berlin, im Vordergrund die Lange Brücke mit der Reiterstatue des Großen Kurfürsten, nach der Natur gezeichnet.*

Des Prinzen Urgroßvater.

**Porträt des Großen Kurfürsten nach einem lebensgroßen Bildnisse im königlichen Schlosse zu Charlottenburg.*

Kurfürst Friedrich Wilhelm von Brandenburg*, aus dem Hause Hohenzollern, hatte von 1640 bis 1688 in Berlin regiert. Ein gewaltiger Mann, dieser Kurfürst, der die Mark Brandenburg, Hinterpommern und das weit entlegene Ostpreußen, das 1618 dazugekommen war, zu einem Staat zusammengeschweißt hatte. Mit Umsicht und Energie hatte er Bauern und Handwerker gefördert, den aufsässigen Adel aber mit drakonischen Maßnahmen zur Raison gebracht. 1675 hatte er mit seinem kleinen Heer von 18 000 Mann, unterstützt von freiwilligen brandenburgischen Bauernpartisanen, die weltberühmte schwedische Armee bei Fehrbellin geschlagen, die erobernd in sein Land eingefallen war. Der Kurfürst vertrieb mit starker Hand die Aggressoren aus Brandenburg, Pommern und Ostpreußen. Mit dem Toleranzedikt von Potsdam (1685) öffnete er die Tore seines Landes weit für alle Unterdrückten und Verfolgten. 30 000 protestantische Flüchtlinge kamen allein aus Frankreich und brachten Handel und Wandel, Kultur und Zivilisation nach Brandenburg. Seitdem richteten sich die Augen Europas auf das bis dato völlig unbekannte Berlin.

Der »Große Kurfürst«.

So nannten seine Zeitgenossen den siegreichen Kurfürsten Friedrich Wilhelm, der sich mit seinem kleinen Staat erfolgreich zwischen West (Frankreich) und Ost (Schweden/Polen) behauptete. Doch die damaligen Supermächte, Österreich und Frankreich, stellten sich dem spektakulären Aufstieg Brandenburgs eifersüchtig in den Weg und verweigerten dem Kurfürsten beispielsweise den Erwerb der pommerschen Haupt- und Hafenstadt Stettin. Der Große Kurfürst hat das niemals verwunden. Für die Familie Hohenzollern aber wurde sein politischer Ehrgeiz zum langdauernden Vermächtnis.

Die königlichen Symbole.

Im Jahre 1701, dreizehn Jahre nach dem Tod des Großen Kurfürsten, hatte sich dessen Sohn Friedrich selbst vom Kurfürsten zum König befördert. Er mußte dafür nach Königsberg, der Hauptstadt Ostpreußens, gehen. Denn nur in Ostpreußen, das damals formell nicht zum Deutschen Reich gehörte, durfte er sich ohne Widerspruch des Deutschen Kaisers in Wien zum König ausrufen lassen. Am 18. Januar 1701 war aus dem Kurfürstentum Brandenburg das junge Königreich *»Preußen«* geworden. Krone, Szepter und Schwarzer Adlerorden* wurden zu Symbolen des neuen Königtums.

**Nach einem vergoldeten Schnitzwerk in der ehemaligen Kleinodienkammer des Berliner Schlosses gezeichnet.*

Philosophische Gespräche.

Die Gemahlin Friedrichs I., Sophie Charlotte, Preußens erste Königin, im Gespräch mit Friedrich Wilhelm Leibniz vor dem Charlottenburger Schloß, das – dicht vor den Toren Berlins gelegen – 1699 ihr zu Ehren eingeweiht worden war. Sophie Charlotte, die Großmutter des 1712 geborenen Prinzen, von der alle Welt später sagte, sie habe sich ganz in ihrem Enkel durchgesetzt, galt als die »*schönste und geistreichste Fürstin*« ihrer Zeit. Selbst Leibniz, der weltberühmte Philosoph, vermochte ihren Wissensdrang kaum zu stillen. Sophie Charlotte und Leibniz waren es auch, die 1696 die Akademie der Künste und vier Jahre danach, 1700, die Akademie der Wissenschaften in Berlin gründeten.

Prinzentaufe im Schloß.

Am Sonntag, dem 31. Januar 1712, nachmittags halb vier, findet die Taufe des vor einer Woche geborenen Prinzen statt. Alle Glocken Berlins läuten eine Stunde lang. Auf den Wällen der Stadt feuern sämtliche Kanonen Salut.
Der Großvater, König Friedrich I., hält seinen Enkel über das Taufbecken. Das Kind trägt eine kleine Krone und ein silberbesticktes, mit Diamanten besetztes Taufkleid, dessen Schleppe sechs Gräfinnen halten. Berlins Bischof Ursinus tauft das Baby auf den Namen *»Friedrich«*. Aber Vater und Mutter nennen den Jungen bald nur noch FRITZ.

Der Großvater stirbt.

Im Jahre 1713 stirbt Preußens erster König, der sich selbst zwölf Jahre zuvor gekrönt hatte. An seinem Sterbelager kniet betend die königliche Familie: links Kronprinz Friedrich Wilhelm, in der Mitte Prinzessin Wilhelmine (FRITZENS ältere Schwester), rechts Kronprinzessin Sophie Dorothea. Durch die Tür trägt man den kleinen FRITZ herein, der den letzten Segen des Großvaters empfangen soll und der nun bald Preußens Kronprinz sein wird. Der neue König, Friedrich Wilhelm I., erklärt, daß er nichts anderes als »*gute Christen, fleißige Bürger und tapfere Soldaten*« in seinem Staat haben wolle, und verordnet seinen Preußen: Pflichterfüllung, Arbeit und strengste Sparsamkeit.

Die »langen Kerls«.

Unter Friedrich Wilhelm I., dem *»Soldatenkönig«*, wie man ihn bald überall nennt, wird Preußen zu einer Art verschanztem Lager, zu einem *»deutschen Sparta«*. Der neue Herrscher steigert die Armee von 25 000 auf 80 000 Mann, womit Preußen der Heeresstärke nach in Europa an vierter Stelle steht (hinter Frankreich Österreich und Rußland), obwohl es der Ausdehnung nach erst an zehnter und der Bevölkerungszahl nach erst an dreizehnter Stelle rangiert. Der König bevorzugt große, stattliche *»Kerls«*, die die langen Musketen schneller und besser laden können als die Soldaten jeder anderen Armee. Er läßt die königlichen Parkanlagen in Exerzierplätze verwandeln. Im königlichen Schloß klirren die Fenster vom unaufhörlich rollenden Salvenfeuer der übenden Infanterie; manchmal fliegt auch ein eiserner Ladestock krachend durch die Scheiben.

Die Prophezeiung.

Dem kleinen FRITZ liest ein durchreisender schwedischer Offizier namens Croom aus der Hand. Er weissagt ihm, daß er – nach vielen Wechselfällen in der Jugend – *»einer der größten Fürsten Europas«* werden würde. Im Hintergrund die Mutter, Kronprinzessin Sophie Dorothea, die diese Prophetie nie vergessen hat und bereits ehrgeizige Pläne für ihre Kinder schmiedet.

Die Unterrichtsstunde.

Kronprinz FRITZ mit seinem Lieblingslehrer Duhan de Jandun*, mit dem er immer befreundet bleiben wird. Duhan ist ebenso französischer Flüchtling wie Frau von Roucolles, die Gouvernante des Kronprinzen. (Damals, zu Beginn des achtzehnten Jahrhunderts, ist jeder dritte Berliner von französischer Abstammung.) Diesen beiden Erziehern verdankt der kleine Prinz die intime Bekanntschaft mit der französischen Philosophie und Literatur. FRITZ spricht am liebsten französisch, während er seine deutsche Muttersprache, die der Soldatenkönig gebraucht, als eine primitive Bauernsprache verachtet. Er wird ihrer deshalb zeitlebens nur »*wie ein Kutscher*« mächtig sein.

**Nach einem gleichzeitigen Porträt.*

Bibel und Degen.

Unter diese Symbole will der Soldatenkönig die Erziehung seines ältesten Sohnes stellen. Friedrich Wilhelm hält nichts von den Wissenschaften, ja, er verachtet alle Gelehrsamkeit, sofern sie über Lesen, Schreiben und Rechnen hinausgeht. Er verlangt, daß dem Kronprinzen ein glaubensstarkes Christentum sowie »*die wahre Liebe zum Soldatenstande*« einzuprägen sei. FRITZ soll reiten, fechten und exerzieren lernen. Und vor allem soll er zu »*deutscher Ehrlichkeit und holländischer Reinlichkeit*« erzogen werden.

Das Tabakskollegium.

Hier* verbringt der Soldatenkönig die Abende im Kreise seiner Generale und Minister. Man raucht holländischen Tabak aus langen Tonpfeifen und trinkt Bernauer Bier aus dicken Steinkrügen. Manchmal müssen die kleinen Prinzen, bevor sie ins Bett gehen dürfen (siehe hinten rechts), den Vater und seine Freunde mit militärischen Exerzitien nach lauten Kommandos unterhalten.

**Das Ganze hinsichtlich der äußeren Einrichtung nach einem gleichzeitigen Bilde im königlichen Schlosse zu Charlottenburg.*

Der Militärhaarschnitt.

Im neunten Lebensjahr muß FRITZ seine Kinderkleider ablegen und den blauen Rock der preußischen Infanterie anziehen. Der Prinz bricht in Tränen aus, als ihm im Beisein des Vaters von einem Regimentschirurgen die langen, offenen Locken kürzer geschnitten und, hinten im Nacken, zu einem straffen Soldatenzopf geflochten werden sollen. Doch der Chirurg hat Mitleid mit dem unglücklichen Jungen: Als der König sich aus dem Fenster beugt, um seine exerzierenden Grenadiere zu beobachten, kämmt er die langen Haare des Kronprinzen, deren Spitzen er nur leicht beschnitten hat, geschickt nach hinten zusammen. Der Vater merkt nichts.

Die Salzburger.

Der Soldatenkönig nimmt an die 20 000 Protestanten* auf, die um ihres Glaubens willen aus dem Salzburgischen vertrieben wurden, und siedelt sie im rückständigen, von der Pest entvölkerten Ostpreußen an. So bleibt das Vermächtnis des Großen Kurfürsten im preußischen Staat lebendig, und der Urenkel, Kronprinz FRITZ, begreift früh die Bedeutung religiöser Toleranz und einer planvollen Bevölkerungspolitik für das arme, unterentwickelte Preußen.

Footnote: **Die Kostüme der einwandernden Salzburger nach den Abbildungen, welche ein im Jahre 1732 erschienenes Werk über das betreffende Ereignis enthält.*

Eine Manöverbesichtigung.

Unablässig ist der Soldatenkönig bemüht, seinen Sohn davon zu überzeugen, daß das zersplitterte Preußen, das sich in einzelnen Länderfetzen von der Maas bis an die Memel erstreckt, ohne eine starke, »*formidable*« Armee nicht existieren könne. Deshalb soll FRITZ die Uniform, »*des Königs Rock*«, in Ehren halten. Aber er soll auch ein »*gottesfürchtiger Kerl*« bleiben und »*niemals ungerechte Kriege*« anfangen.

Bibelstunde im Schloß.

Jeden Nachmittag liest der König seiner Familie aus der Heiligen Schrift vor. Danach stimmt ein Kammerdiener (hinter dem König) einen frommen Choral an – sehr häufig *»Jesus, meine Zuversicht«* –, den alle Anwesenden laut mitsingen müssen. Kronprinz FRITZ und seine Lieblingsschwester Wilhelmine (beide im Vordergrund) albern miteinander unter dem Tisch und können ihr Lachen kaum unterdrücken, während Königin Sophie Dorothea (links hinten) gelangweilt vor sich hinblickt.

In der Baumschule.

Der Soldatenkönig erklärt seinem Sohn FRITZ, der als Gärtner gekleidet ist, die Grundbegriffe einer soliden Volkswirtschaft. Er prägt dem Prinzen die Überzeugung ein, daß ein König nichts anderes als *»der erste Diener seines Staates«* sei, und fordert ihn auf, sich ganz der Wohlfahrt des einfachen Volkes zu widmen und es vor der Willkür des Adels zu schützen. Er, der Soldatenkönig, habe ausländische Handwerker und Siedler ermutigt, zu Tausenden in sein Land zu kommen, um es zu kultivieren. Er habe den fleißigen einfachen Leuten in den Dörfern auf seine Kosten Webstühle geschenkt und so eine florierende preußische Wollindustrie geschaffen. Aber es müsse noch viel geschehen, um den Lebensstandard Brandenburg-Preußens auf das Niveau der westlichen Reichsgebiete zu heben.

Abenteuer in Dresden.

Im Jahr 1728 besucht der Soldatenkönig mit seinem sechzehnjährigen Sohn die Residenz Augusts *»des Starken«* in Dresden. Dieser August II. ist zugleich Kurfürst von Sachsen und König von Polen. An seinem Hof herrscht die größte Prachtentfaltung. FRITZ entbrennt in glühender Leidenschaft für die zwanzigjährige verführerische Gräfin Orzelska, die es liebt, auf Bällen und Redouten in Männerkleidung zu erscheinen.

Skandal im Kabinett.

**König August II., in der Mitte des Bildes, nach einem Porträt im königlichen Schlosse zu Berlin.*

Eines Abends führt August der Starke* seine Gäste aus Berlin in ein reichgeschmücktes, von Kerzenschein erleuchtetes Kabinett und präsentiert ihnen die *»schöne Formera«*, fast unbekleidet. Der entrüstete Soldatenkönig (Mitte) hält seinem Sohn (links) sofort den Hut vor die Augen und befiehlt ihm, sich schnurstracks zu entfernen. FRITZ hat aber schon genug gesehen.

Der verliebte Kronprinz.

FRITZ hat in Dresden – ohne Wissen des Vaters – die Gunst der »*schönen Formera*« gewonnen, die zu seiner ersten Lehrmeisterin in puncto Liebe wurde. Doch als er wieder zu Hause in der Mark Brandenburg ist, gelten seine Gedanken nur der verführerischen Gräfin Orzelska, die er nicht vergessen kann. Er wandert einsam in die Natur, schreibt seine ersten Gedichte und wird krank vor Liebeskummer. Erst als die Gräfin drei Monate später in Berlin eintrifft, wirft der Kronprinz seine Schwermut ab, und die Orzelska befreit ihn bei mehreren heimlichen Treffen von seinen Leiden.

Flötenspiel und Philosophie.

Der siebzehnjährige Kronprinz FRITZ gerät nicht nach dem Willen des Vaters. Der junge Mann liebt die Musik, vor allem den sanften lyrischen Ton der Querflöte, die er selbst bald meisterhaft beherrscht. Am liebsten würde er Philosoph werden; seine lebhafte Phantasie entzündet sich am funkelnden Esprit der französischen Aufklärung. *»Mein Sohn macht sich nichts aus den Soldaten«*, zürnt Friedrich Wilhelm I., *»er wird mir meine ganze Arbeit verderben!«* Der Soldatenkönig hält nichts von dem philosophischen *»Schnickschnack«* seines Sohnes. Den Gelehrten Leibniz, den hochgebildeten Freund seiner Mutter, der Königin Sophie Charlotte, bezeichnet er als *»einen närrischen Kerl, der selbst zum Schildwachestehen unbrauchbar«* sei. FRITZ, sein leichtlebiger Sohn, soll endlich *»von denen Opern, Komödien und andern weltlichen Eitelkeiten«* Abstand nehmen und statt dessen die Mathematik und die Ökonomie *»aus dem Fundamente erlernen«*. Vor allem soll er – und darum kreist das ganze Bemühen des Königs – *»ein guter Wirt«* (also: Landesvater) werden.

Ein königliches Donnerwetter.

Der Kronprinz (im Vordergrund rechts) musiziert heimlich mit dem sächsischen Flötenspieler Quantz, den er anläßlich seines Besuches in Dresden kennengelernt und ohne Wissen des Vaters nach Berlin geholt hat. FRITZ hat die verhaßte blaue Uniform abgestreift, die Haare locker-lässig in einen Haarbeutel gesteckt und einen bequemen Schlafrock aus Goldbrokat übergeworfen. Als der König überraschend erscheint – Leutnant von Katte, der aufpassen sollte, meldet es zu spät –, heißt es sogleich verächtlich »*Querpfeifer und Poet*«, und dann setzt es für den Prinzen Ohrfeigen und väterliche Stockhiebe.

Die österreichische Partei.

**König Friedrich Wilhelm nach einem lebensgroßen Porträt von Pesne im königlichen Schlosse zu Berlin.*

Die Generäle Seckendorff und Grumbkow (links und rechts vom König) reden eifrig auf Friedrich Wilhelm I.* ein. Sie raten ihm, in seiner Außenpolitik immer fest und treu an der Seite des Deutschen Kaisers in Wien zu stehen. Dem Soldatenkönig, der sich selbst als »*deutscher Fürst*« versteht, ist das ganz aus dem Herzen gesprochen. Er ahnt nicht, daß beide im Solde Wiens stehen und den Auftrag haben, mit allen Mitteln die englischen Heiratspläne zu durchkreuzen, die von Königin Sophie Dorothea für ihre beiden ältesten Kinder, Wilhelmine und FRITZ, verfolgt werden.

Die englische Partei.

Königin Sophie Dorothea* (rechts) intrigiert mit FRITZ und dessen Schwester Wilhelmine (Mitte) gegen die Politik ihres Mannes, des Soldatenkönigs. Sie will Annäherung an das englische Königshaus, mit dem sie selbst verwandt ist, und eine englische Doppelheirat ihrer beiden ältesten Kinder. Die königliche Familie in Berlin spaltet sich immer mehr in zwei feindliche Lager.

**Die Königin mit Friedrich und der Prinzessin Wilhelmine nach gleichzeitigen Bildnissen.*

Der König greift durch.

Friedrich Wilhelm I. läßt die seidenen Schlafröcke und die französischen Bücher des Kronprinzen FRITZ im Kamin verbrennen. Trifft er seinen Sohn, so rast er vor blinder Wut: Er zieht den »*weibischen Kerl*« an seinen langen Haaren zu Boden, traktiert ihn mit Fausthieben und Stockschlägen. Einmal schreit er ihn an: »*Du bist ein Prinz ohne Ehre! Wäre mir so begegnet worden, ich wäre längst zum Teufel gelaufen.*« FRITZ beißt die Zähne zusammen. Totenblaß läßt er die Demütigungen über sich ergehen. Er sagt fast nie etwas. Aber die beleidigenden Worte des Vaters graben sich ihm tief ein.

Der Prinz will fliehen.

Der Kronprinz berichtet seiner Schwester Wilhelmine, daß er fast täglich vom König geprügelt oder beschimpft werde. Und das in aller Öffentlichkeit: vor Generälen, Diplomaten, Offizieren und Ministern. Er, FRITZ, lasse sich das nicht länger gefallen und habe mit Hilfe seiner beiden Freunde, der Leutnante Katte und Keith, alles zur Flucht vorbereitet. Als Wilhelmine den Bruder anfleht, sich diese unheilvolle Idee aus dem Kopf zu schlagen, antwortet er, er wolle nicht länger *»wie ein Sklave«* leben.

Die Reise nach Westen.

Am 15. Juli 1730 bricht der Soldatenkönig mit seinem achtzehnjährigen Sohn FRITZ zu einer Reise in den Westen des Reiches auf. Jetzt, so meint der Kronprinz, sei die ideale Gelegenheit zur Flucht gekommen. Er will sie im Dunkel der Nacht auf schnellen Pferden antreten, um über Holland die schützende Küste Englands zu erreichen.

Der Prinz wird ergriffen.

Im letzten Augenblick – FRITZ will sich gerade auf das bereits gesattelte Pferd werfen – mißlingt im Dorf Steinfurth der Fluchtversuch. Der Kronprinz wird von wachsamen Offizieren am Entweichen gehindert, auf Befehl des Vaters als militärischer Deserteur behandelt und als Gefangener, unter strengster Bewachung, in die preußische Festung Wesel überführt.

Panik in Berlin.

Die Nachricht von der Verhaftung des Kronprinzen stürzt Königin Sophie Dorothea (links) und die Prinzessin Wilhelmine (Mitte), die in der Hauptstadt geblieben sind, in tiefste Verzweiflung. Sie bangen um FRITZ, aber auch um ihr eigenes Schicksal. Es gelingt ihnen jedoch noch vor Erscheinen des Königs in Berlin, eine ganze Reihe kompromittierender Briefe an den englischen Hof zu vernichten.

Eine mutige Frau.

Der König rast vor Zorn, als er in Berlin eintrifft, mißhandelt Prinzessin Wilhelmine und verordnet seiner Frau Stubenarrest. Er argwöhnt eine breitangelegte Verschwörung seiner Familie mit dem britischen Hof und läßt das ganze Schloß nach belastenden Dokumenten durchsuchen. Alles zittert vor seiner Wut. Nur die Oberhofmeisterin der Königin, Frau von Kamecke, tritt ihm unerschrocken entgegen: *»Bis jetzt war es Ihr Stolz, ein gerechter und frommer König zu sein; und dafür segnete Sie Gott. Nun wollen Sie ein Tyrann werden!«*

In der Festung Küstrin.

FRITZ wird von der Festung Wesel (am Rhein) in die Festung Küstrin (an der Oder) verlegt und dort fast ein Vierteljahr lang in strengster Haft gehalten. Jeden Morgen untersuchen zwei Offiziere seine Kerkerzelle, in der neben einer kärglichen Pritsche nur zwei Stühle stehen. Licht, Tinte und Papier, der Gebrauch von Messer und Gabel sowie jeglicher Verkehr mit der Außenwelt sind ihm verboten. Der Prinz muß mit dem Schlimmsten rechnen.

Verhör des Prinzen.

Zwei Monate lang wird FRITZ von einer königlichen Kommission verhört. Der Kronprinz reizt sie durch seine stolze Haltung und sein ironisch-hochfahrendes Wesen. Man legt ihm den Thronverzicht nahe, damit er seine Haut retten könne. FRITZ erklärt, dazu sei er bereit, wenn der König vorher schriftlich versichere, daß er nicht sein natürlicher Vater sei. Der Vorsitzende der Kommission, General von Grumbkow, droht mit Anwendung der Folter. Darauf der Prinz: *»Ich weiß nicht, was Sie gegen mich zu unternehmen gedenken. So viel aber weiß ich, daß Sie mich nie dahin bringen werden, vor Ihnen zu kriechen!«*

Ein mutiger Mann.

Friedrich Wilhelm I. (rechts) will seinen Sohn FRITZ mit dem Tode bestrafen, weil er als preußischer Soldat und Offizier Fahnenflucht begangen habe. Die Höfe Europas intervenieren in Berlin und üben auf den Soldatenkönig Druck aus, Gnade vor Recht gehen zu lassen. Aber auch die Generäle und Stabsoffiziere der preußischen Armee bitten den König inständig, von einer so grausamen Handlung Abstand zu nehmen. Der Major von Buddenbrock (Mitte) reißt seine Uniform über der Brust auf und ruft verzweifelt aus: »*Wenn Majestät Blut verlangen, so nehmen Sie meines! Jenes bekommen Sie nicht, so lange ich noch sprechen darf.*«

Das Todesurteil.

Der engste Freund des Kronprinzen, Leutnant von Katte (rechts) vom Regiment der Gardegendarmerie, hat im Verhör seine Beteiligung an den Fluchtvorbereitungen gestanden. Ein Offiziersgericht verfügt lebenslange Kerkerhaft für Katte und Leutnant von Keith (dem noch im letzten Augenblick die Flucht nach England gelang). Der König verwirft dieses Urteil und besteht auf dem Todesurteil für beide, da es bei Gardeoffizieren im Falle von Verrat und Desertion kein Pardon geben dürfe. Er läßt beide (Keith in Abwesenheit) zum Tode durch das Schwert verurteilen und dem von Katte ausrichten: *»Es täte dem König leid. Es sei aber besser, daß er sterbe, als daß die Gerechtigkeit aus der Welt käme.«*

Kattes Hinrichtung.

Am 6. November 1730 wird der Leutnant von Katte (Mitte) in der Festung Küstrin zur Hinrichtung geführt. Der Kronprinz wird gezwungen, an das vergitterte Fenster seines Kerkers (rechts) zu treten. FRITZ wirft Katte Kußhände zu und ruft schluchzend: »*Pardonnez-moi, mon cher Katte!*« (»*Ich bitte Sie um Vergebung, mein lieber Katte!*«) Der antwortet mit fester Stimme: »*La mort est douce pour un si aimable prince!*« (»*Der Tod ist süß für einen so liebenswerten Prinzen!*«) FRITZ bricht in seiner Zelle ohnmächtig zusammen.

Studium der Volkswirtschaft.

Der Tod Kattes hat den Widerstandswillen des Kronprinzen gebrochen. FRITZ fühlt sich schuldig und unterwirft sich dem unerbittlichen König. Nachdem er einen Eid geleistet hat, künftig *»blindlings den väterlichen Willen zu befolgen«*, darf er endlich die Festung Küstrin verlassen und sich in der Stadt eine kleine Wohnung nehmen. (Die Hauptstadt Berlin bleibt ihm nach wie vor verschlossen.) Der Kronprinz tritt als jüngster Rat in die Küstriner Kriegs- und Domänenkammer ein, um – nach detaillierten Vorschriften des Vaters – sein Praktikum als Volkswirt, vor allem in der Landwirtschaft, zu absolvieren. FRITZ muß von der Pike auf lernen und dem Vater regelmäßige Arbeitsberichte einsenden. Der Kronprinz begreift in diesen Küstriner Lehrjahren sehr schnell, in welchem Maße ein modernes Staatswesen von der Qualität seiner ökonomischen Basis abhängig ist. In Kammerdirektor Hille, der ihn auf seinen Inspektionsreisen begleitet (rechts), findet FRITZ einen erfahrenen und weitsichtigen Lehrmeister. Hille ist es auch, der den Kronprinzen immer wieder auf die wirtschaftliche Bedeutung des Herzogtums Schlesien hinweist, und das wird historische Folgen haben.

Besuch des Vaters.

Am 15. August 1731 besucht der Soldatenkönig zum ersten Mal seinen Sohn in Küstrin. FRITZ wirft sich ihm zu Füßen. Der Vater fordert ihn auf, sich *»das französische und englische Wesen aus dem Kopfe«* zu schlagen, und fährt fort: *»Höre, mein Kerl: Wenn du auch sechzig oder siebzig Jahre alt wärest, so solltest du mir nichts vorschreiben. Es wird mir nicht an Mitteln fehlen, auch dich zur Raison zu bringen!«* Dann macht er seinem Sohn unmißverständlich klar, daß von den englischen Heiratsplänen künftig keine Rede mehr sein dürfe. Er, der Vater, werde seinem Sohn, wenn er ein *»braver Kerl«* geworden sei, schon eine tüchtige Frau aussuchen. FRITZ verspricht in allem absoluten Gehorsam.

Ein überraschender Besuch.

**Der Ort der Szene ist ein Saal im königlichen Schlosse zu Berlin.*

Am 20. November 1731 heiratet Prinzessin Wilhelmine in Berlin auf Befehl ihres Vaters den Erbprinzen von Bayreuth. Am vierten Tag der Hochzeitsfeierlichkeiten findet ein glänzender Ball im königlichen Schloß statt*. Plötzlich, für alle unvermutet, betritt FRITZ (halbrechts im Vordergrund), in einem schlichten hechtgrauen Bürgerskleid, den Saal. Abgesehen vom König und von General Grumbkow haben ihn alle Anwesenden seit mehr als fünfzehn Monaten nicht gesehen. Die Mutter (Mitte hinten) stürzt mit ausgebreiteten Armen auf ihren ältesten Sohn zu und drückt ihn an ihr Herz. Prinzessin Wilhelmine (halblinks) wirft sich aus Dankbarkeit zu Füßen des Vaters (links), der seine Tränen nicht zurückhalten kann. Nur FRITZ bleibt völlig kühl und zeigt allen gegenüber eine reservierte Haltung. Die Hofgesellschaft, die einen zerknirschten Sohn und reuigen Sünder erwartet hatte, spürt, daß hier der künftige König auftritt.

Die erzwungene Hochzeit.

Im Jahre 1733 befiehlt der Soldatenkönig seinem Sohn, die Prinzessin Elisabeth Christine von Bevern-Braunschweig zu ehelichen*, die den besten Ruf habe, vor allem fromm und gottesfürchtig sei. Prinzessin Wilhelmine sieht sich die junge Dame kritisch an und berichtet ihrem Bruder, daß sie recht hübsch und sehr proportioniert sei, einen herrlichen Teint, aber schwarze Stockzähne habe. Ansonsten sei Elisabeth Christine in der Konversation ziemlich schüchtern und ohne jede Spur von Witz und Esprit. FRITZ wehrt sich

**Friedrichs Vermählung, Lokal und Kostüm, nach Vorschrift eines damals gefertigten Kupferblattes.*

monatelang verzweifelt gegen die ihm aufgezwungene Ehe mit einer unbekannten Person. Er schreibt, daß er jede Berliner Kokotte vorziehen würde. Schließlich resigniert er und unterwirft sich mit den Worten: »*Bonjour, Madame, et bon chemin!*« (»*Man sagt guten Tag, Madame, und geht seiner Wege!*«) Am 12. Juni 1733 reicht er auf Schloß Salzdahlum, totenblaß und mit Tränen in den Augen, seiner Braut die Hand zum Ehegelöbnis.

Einzug in Berlin.

Zwei Wochen später, am 27. Juni, hält das jungvermählte Kronprinzenpaar in einer langen Reihe glänzender Karossen seinen feierlichen und vielbejubelten Einzug in Berlin.

Das Schloß Rheinsberg.

**Das Schloß von Rheinsberg in seinem damaligen Zustande, nach einer gleichzeitigen Abbildung und Beschreibung.*

Von 1733 bis 1735 wird FRITZ, der sich in allem dem Vater unterworfen hat, völlig rehabilitiert, zum Chef eines Infanterieregiments in Ruppin ernannt und zum Generalmajor der preußischen Armee befördert. Im August 1736 bezieht er zusammen mit seiner jungen Frau Rheinsberg, ein anmutiges Schlößchen* in der nördlichen Mark Brandenburg, am Rande eines Sees, umgeben von lichten Eichen- und Buchenwäldern. Am Portal des Schlosses läßt er die Inschrift anbringen: »*Friderico tranquillitatem colenti*« (»*Friedrichsruh*«). Den weiteren Ausbau des Schlosses übernimmt einer seiner engsten Freunde, der Intendant Georg Wenzelslaus von Knobelsdorf, der gerade von einer Bildungsreise durch Italien zurückgekehrt ist. Erst 1739 wird der Schloßbau gänzlich beendet.

Die schönsten Jahre.

In Rheinsberg verbringt FRITZ die vier schönsten Jahre seines Lebens, von 1736 bis 1740. Hier lebt er als *»Philosoph von Rheinsberg«* glücklich und unbeschwert im Kreise geistreicher Freunde. Hier widmet er sich mit Begeisterung der Musik, seinen philosophischen, literarischen und historischen Studien, der Gartenbaukunst und – nicht zuletzt – der heiteren Geselligkeit. Selbst seiner jungen Frau Elisabeth Christine begegnet er mit Galanterie, umgibt sie und sich mit einer Schar schöner Frauen und eleganter Kavaliere.

Freundschaft und Musik.

Eine Rokokogesellschaft im Rheinsberger Schloßpark: links Jordan, der Sekretär und Vorleser des Kronprinzen, rechts der weitgereiste und gewandte Oberst von Keyserling, im Hintergrund Baron Bielfeld, der an einen Freund schreibt: *»Ich erlebe hier wahrhaft entzückende Tage. Eine königliche Tafel, ein Götterwein, eine himmlische Musik, köstliche Spaziergänge sowohl im Garten als im Walde, Wasserfahrten, Zauber der Künste und Wissenschaften, angenehme Unterhaltung: alles vereinigt sich, um das Leben zu verschönern.«* Und einen Tagesablauf in Rheinsberg schildert er so: *»Nach der Mittagstafel gehen die Herren in das Zimmer der Dame, die an der Reihe ist, die Honneurs des Kaffees zu machen. Der ganze Hof versammelt sich um den Kaffeetisch; man spricht, man scherzt, man macht ein Spiel, man geht umher, und diese Stunde ist eine der angenehmsten des Tages. Der Prinz und die Prinzessin trinken in ihrem Zimmer. Die Abende sind der Musik gewidmet. Der Prinz hält in seinem Salon Konzert und spielt gewöhnlich die Flöte. Er behandelt das Instrument mit höchster Vollkommenheit; sein Ansatz sowie seine Fingerläufigkeit und sein Vortrag sind einzig. Er hat mehrere Sonaten selbst gesetzt. Ich wurde besonders von seinem Adagio bezaubert. Doch Friedrich ist in allem ausgezeichnet. Er tanzt schön, mit Leichtigkeit und Grazie, und ist ein Freund jedes anständigen Vergnügens.«* In dieser Rheinsberger Zeit macht FRITZ sich auch zum ersten Mal als Schriftsteller einen Namen. 1738 erscheint seine Druckschrift *»Betrachtungen über den gegenwärtigen Zustand der Politik in Europa«*, und ein Jahr später, 1739, veröffentlicht er einen Essay, den *»Antimacchiavell«*.

ANDREW. BEST. LELOIR.

Der Zaubername Voltaire.

Niemanden verehrt der 24jährige preußische Kronprinz mehr als den 42jährigen französischen Schriftsteller und Philosophen Voltaire. Dieser Voltaire gilt ihm als die größte geistige Autorität der Zeit, in ihm erblickt er die absolute Verkörperung der französischen Aufklärung, zu deren Maximen sich der preußische Thronfolger leidenschaftlich bekennt. FRITZ schreibt Voltaire aus Rheinsberg bewundernde Briefe, hängt dessen Porträt* über seinem Schreibtisch auf, nennt ihn den »*ersten Mann des Jahrhunderts*« und gelobt ihm, seine Werke so hochzuhalten wie Alexander der Große einst die des Homer. (Über vierzig Jahre, von 1736 bis 1778, dauert der Briefwechsel zwischen beiden.)

**Das Bildnis Voltaire's nach einem Porträt, welches sich auf der königlichen Bibliothek zu Berlin befindet.*

Die großen Vorbilder.

FRITZ genießt in Rheinsberg nicht nur die Freuden des Lebens. Er arbeitet rastlos an der Vervollkommnung seines Wissens. Neben Philosophie und schöngeistiger Literatur studiert er vor allem die Geschichte und die Taten großer Feldherren. Seine höchste Bewunderung gilt (von links nach rechts): dem Prinzen Eugen von Savoyen, dem französischen Marschall Turenne, Cäsar, Moritz von Oranien und dem Schwedenkönig Gustav Adolph. Kronprinz FRITZ kann kaum Latein; das Griechische versteht er gar nicht. So liest er die Klassiker des Altertums in französischen Übersetzungen. Vor allem Horaz, Cicero, Lukrez, Epikur und Plutarch. Von den Dichtern Frankreichs schätzt er Racine am meisten, und nichts macht ihm mehr Vergnügen, als vor Gästen aus dem Gedächtnis seitenlang aus Racines *»Athalie«* zu rezitieren. Alle Welt hält den preußischen Kronprinzen für einen Schöngeist, ja Lebemann, für einen Individualisten und auch Pazifisten. Doch das ist ein Irrtum: Hinter der Maske des Bonvivant verbirgt FRITZ einen brennenden politischen Ehrgeiz, den heißen Wunsch, es den Großen der Geschichte gleichzutun und seinen Namen in den Zeitungen zu sehen.

Der Vater stirbt.

Ende Mai 1740 eilt FRITZ nach Potsdam, bei Berlin, und findet dort einen todkranken Vater, der seinen Sohn freudig empfängt. Er sei zwar immer streng gegen ihn gewesen, sagt der Soldatenkönig, gleichwohl habe er ihn stets mit väterlicher Zärtlichkeit geliebt. Als der Prinz dem Vater die Hände küßt, ruft der aus: *»Mein Gott, ich sterbe zufrieden, da ich einen so würdigen Sohn und Nachfolger habe!«* Am 31. Mai 1740 stirbt Friedrich Wilhelm I. in seiner Soldatenmontur ruhig, ja kaltblütig, im festen Glauben an Gott.

Ein feierliches Begräbnis.

FRITZ läßt dem Vater ein prächtiges Leichenbegängnis ausrichten, obwohl der Soldatenkönig eine einfache Bestattung mit militärischem Zeremoniell angeordnet hatte. Doch der Sohn fürchtet, daß die Öffentlichkeit, die den letzten Willen des Vaters nicht kennt, ihn im anderen Fall der Pietätlosigkeit zeihen könnte. In der Tat empfindet FRITZ den Tod seines Vaters als Befreiung, wenn er auch später – reifer und einsichtiger geworden – über den Soldatenkönig und sein eigenes Benehmen als Sohn schreiben wird: *»Die häuslichen Verdrießlichkeiten dieses großen Fürsten haben wir mit Stillschweigen übergangen. Man muß gegen die Fehler der Kinder, in Betracht der Tugenden ihres Vaters, einige Nachsicht üben.«*

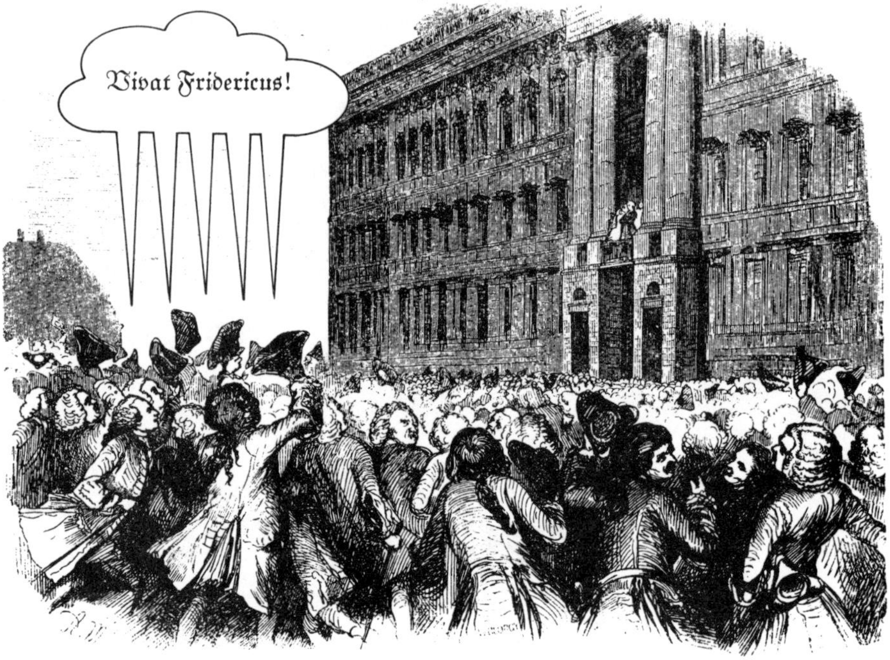

Der Regierungsantritt.

** Ansicht des königlichen Schlosses nach der Natur.*

Am 1. Juni 1740 wird der 28jährige FRITZ preußischer König. Die Berliner, froh, den gefürchteten Soldatenkönig los zu sein, drängen sich jubelnd vor dem königlichen Schloß*. Sie glauben an den Anbruch einer neuen, besseren Zeit und sehen in dem eleganten jungen König einen Märchenprinzen, einen »*roi charmant*«. Baron Bielfeld berichtet am 20. Juni: »*Ausschweifend ist die Freude aller Unterthanen; es ist ein solcher Andrang von Fremden, daß man auf dem Schloßhof zu ersticken droht. Vielleicht erregte nie ein Thronwechsel so allgemeine Bewegung! Die Poeten schwärmen um den Thron Friedrichs wie die Bienen. Sowie man den König erblickt, ist das Jubelgeschrei ohne Ende*«. FRITZ tritt nach der Huldigung der Stände auf den Schloßbalkon und zeigt sich eine halbe Stunde den begeisterten Volksmassen, die es noch nie erlebt haben, daß ein gekrönter Monarch von dem »*niederen Volk*« Notiz nimmt. Aus den Fenstern des Schlosses regnet es Gold- und Silbermünzen ins Publikum, die die Aufschrift tragen: »*Für Wahrheit und Gerechtigkeit*«.

Königliches Selbstbewußtsein.

Generalfeldmarschall Fürst Leopold von Anhalt-Dessau (links), der engste Freund des verstorbenen Vaters, bittet den jungen König in seiner ersten Audienz vertraulich, ihm seinen bisherigen Einfluß und sein Ansehen bei Hofe zu belassen. Er prallt förmlich zurück, als FRITZ kühl erwidert, das alles sei nun vorbei: *»Einfluß oder Ansehen wird in meiner Regierung niemand haben als ich selbst; der König.«* Und als alte Rheinsberger Freunde in seiner Gegenwart frivole Witze reißen, bedeutet FRITZ ihnen eisig: *»Messieurs, die Possen haben nun ein Ende!«*

Elisabeth Christine.

**Friedrichs Gemahlin, sowie hinter ihr die Mutter des Königs, nach den großen Bildnissen von Pesne im königlichen Schlosse zu Berlin.*

Die ersten Wochen als König verbringt FRITZ im Schloß Charlottenburg in der Nähe von Berlin. Auf einem eleganten Hoffest stellt er der Gesellschaft formell die neue Königin, seine Frau Elisabeth Christine vor*, die aus Schloß Rheinsberg angereist ist. Es ist reines Zeremoniell. FRITZ ist fest entschlossen, jetzt, wo der gefürchtete Vater tot ist, die ihm aufgezwungene (kinderlose) Ehe mit der ungeliebten schüchternen Frau abzuschütteln. Er macht sein Wort von 1733 wahr: »*Bonjour, Madame, et bon chemin!*« In dieser Haltung bestärkt ihn seine Mutter, Sophie Dorothea (Mitte), der FRITZ bis zu ihrem Tode zärtlich verbunden bleibt, während sie ihrerseits alles tut, der jungen Königin ihre Mißachtung zu zeigen und ihr das höfische Leben in Berlin zu verleiden. FRITZ jedenfalls trennt sich schon nach kurzer Zeit für immer von seiner Frau, ohne sich aber scheiden zu lassen. Er weist ihr Schloß Schönhausen als komfortablen Wohnsitz an und wird – außer bei festlichen Anlässen – nie wieder mit ihr zusammensein. Sie aber, Elisabeth Christine, wird ihm immer, bis zu ihrem Tode, gänzlich ergeben bleiben.

Das ist Ihre Königin!

Das königliche Opernhaus.

Eine der ersten Anordnungen des jungen Königs gilt seinem Freund aus Rheinsberger Tagen, dem Architekten von Knobelsdorf. Er beauftragt ihn mit der Errichtung eines königlichen Opernhauses Unter den Linden (heute »*Deutsche Staatsoper*« in Ostberlin). FRITZ erklärt dazu: »*Berlin muß* die *Theaterstadt Europas werden!*« Berühmte Gelehrte des Auslandes werden nach Berlin berufen. Die Zensur wird aufgehoben. (FRITZ: »*Gazetten, wenn sie interessant sein sollen, dürfen nicht genieret werden!*«) In allen religiösen Fragen herrscht absolute Toleranz. (FRITZ: »*Die Religionen sind alle gleich gut und müssen alle toleriert werden. Denn hier muß ein jeder nach seiner Façon selig werden.*«) Ganz Deutschland, ganz Europa ist von dem Reformprogramm des neuen Königs entzückt! Die Sonne der Aufklärung geht nicht mehr an der Seine, sondern an Spree und Havel auf.

»Sachwalter der Armen«.

So hört sich der junge Preußenkönig gern nennen. Und in der Tat, bereits an seinem zweiten Regierungstag läßt FRITZ die staatlichen Kornspeicher öffnen und das Getreide billig an das Volk verkaufen. Dann weist er die königlichen Forstämter an, das erlegte Wild aus den Staatsforsten preiswert an die Ärmeren zu verteilen. Schließlich läßt er einige Lebensmittelsteuern für ein halbes Jahr gänzlich aufheben. Überall in Preußen macht sein Wort die Runde: *»Des Landes Vorteil muß den Vorzug vor meinem eigenen haben, wenn sich beide nicht miteinander vertragen.«*

Die deutsche Kaiserkrone.

Am 20. Oktober 1740 wird die Welt durch die Nachricht erschüttert, daß der Kaiser des Deutschen Reiches, Karl VI., in Wien ohne männlichen Nachfolger verstorben ist. Wer soll der neue Kaiser werden? Sämtliche Staaten Europas, vor allem Frankreich, Bayern und Sachsen geraten über diese Frage in Bewegung. Die Herrschenden überlegen allerorten, wie sie die momentane Schwäche des Habsburger Kaiserhauses in Wien am besten für sich ausnützen können. FRITZ, der in Rheinsberg gerade mit Fieber das Bett hütet, springt sofort auf: Er ist entschlossen, allen anderen zuvorzukommen! Er brennt vor Ehrgeiz, der Welt zu zeigen und zu beweisen, zu welchen umstürzenden Taten er fähig ist. Er hat von seinem Vater eine starke Armee von 80 000 Mann geerbt. Dennoch vermehrt er sein Heer sofort um fünfzehn Bataillone Infanterie und sechs Schwadronen Kavallerie. Was plant FRITZ, der König? Denkt er an Krieg?

Blick auf Schlesien.

König FRITZ studiert auf den Landkarten die Lage der österreichischen Provinz Schlesien. Wenn er sie gewinnt, kontrolliert Preußen den ganzen Oderfluß und wird geographisch und ökonomisch zur Großmacht. Seine Minister raten ihm dringend davon ab, sich mit dem mächtigen, weit überlegenen Habsburgerreich anzulegen. FRITZ fixiert sie: »*Wenn man im Vorteil ist, soll man ihn ausnutzen, oder nicht?*« Dann schickt er einen Gesandten zur Tochter Karls VI. in Wien, Maria Theresia, und schlägt ihr vor: Er werde ihren angeheirateten Mann als neuen Deutschen Kaiser anerkennen, wenn sie ihm dafür Schlesien überläßt, auf das er alte Erbansprüche besitzt.

Die stolze Habsburgerin.

FRITZ hat sich in der österreichischen Thronfolgerin gründlich verrechnet: Die 23jährige Maria Theresia, Erzherzogin von Österreich, Königin von Böhmen und Ungarn, läßt sich nicht einschüchtern, sondern weist seinen frechen Erpressungsversuch stolz zurück. Obwohl sie nach ihren eigenen Worten *»von Geld, Truppen und Rat entblößt«* ist, antwortet sie dem übermütigen Herrscher des kleinen Preußen mit Verachtung: *»Mein fester Entschluß ist, niemals etwas von Schlesien abzutreten!«*

Das Kalbfell dröhnt.

Ein Krieg zwischen Österreich und Preußen um Schlesien ist nun unvermeidlich. Die Schlesier sind Deutsche, wie die Einwohner Wiens oder Berlins. Niemand kommt auf die Idee, sie nach ihrer Meinung zu fragen, ob sie zu Österreich oder Preußen gehören wollen. Das Selbstbestimmungsrecht der Nationen ist noch nicht erfunden, und das Schicksal der Völker entscheiden die Monarchen. Kriege um Macht oder Land gelten damals auch nicht als Verbrechen. Man betrachtet den Krieg als »*ultima ratio regis*«: als letztes Mittel der Könige. Und König FRITZ zögert keinen Augenblick, dieses Mittel anzuwenden: Er alarmiert seine Truppen! Überall in Preußen dröhnen die Kriegstrommeln, und für die Grenadiere heißt es Abschied nehmen. Der Marsch geht nach Südosten: nach Schlesien.

»Rendezvous des Ruhms«.

**Die für diese Zeit charakteristischen Eigentümlichkeiten des militärischen Kostüms nach Bildnissen im königlichen Schlosse zu Potsdam.*

Anfang Dezember versammelt König FRITZ in Berlin seine Generäle um sich*. Zu ihrer sprachlosen Überraschung erklärt er ihnen, daß er die Großmacht Österreich angreifen werde, und fährt fort: *»Ich unternehme einen Krieg, meine Herren, worin ich keine anderen Bundesgenossen haben werde als Ihre Tapferkeit und Ihren guten Willen. Meine Sache ist gerecht! Erinnern Sie sich beständig des Ruhms, den Ihre Vorfahren sich auf den Schlachtfeldern von Warschau und Fehrbellin erwarben. Wir werden Truppen angreifen, die unter dem Prinzen Eugen den größten Ruf hatten. Leben Sie wohl! Reisen Sie ab! Ich werde Ihnen ungesäumt folgen: zum Rendezvous des Ruhms.«*

Überraschung und Neid.

Der Entschluß des jungen Preußenkönigs, die Supermacht Habsburg anzugreifen, löst überall in Europa ungläubiges Staunen aus. Kardinal Fleury (sitzend), der Premierminister Frankreichs, kann die Nachricht kaum fassen. Schließlich nennt er FRITZ einen »*Narren*« und einen »*Aggressor*«. Es geht aber Fleury nicht um die Erhaltung des Friedens, denn er führt selbst aggressive Pläne gegen Österreich im Schilde. Er ist so erbost und deprimiert, weil er erkennen muß, daß der Berliner Neuling auf dem Hohenzollernthron ihm zuvorgekommen ist.

Einmarsch in Schlesien.

Am 13. Dezember tanzt FRITZ noch heiter auf einem großen Maskenball in Berlin. Drei Tage später überschreitet er mit seinen Truppen die Grenze nach Schlesien. Die protestantischen Bewohner Niederschlesiens strömen ihm begeistert entgegen, um ihm im Kampf gegen die katholischen Österreicher beizustehen. Sie sind froh, die Herrschaft der Habsburger los zu werden, die ihnen die berüchtigten Dragoner schickten, die man »*Seligmacher*« nannte, weil sie Protestanten flugs mit dem Säbel ins Jenseits beförderten. FRITZ dankt den Deputationen für ihre Willkommensgrüße und schickt sie mit den Worten nach Hause: »*Ihr Schlesier seid alle meine Kinder*«. Als der Preußenkönig mit seinen Truppen am 15. Dezember in Krossen eintrifft, bricht kurz darauf der morsche Dachstuhl der Krossener Hauptkirche ein, und die Glocke stürzt scheppernd herab. FRITZ ruft seinen Soldaten zu: »*Das Hohe soll erniedrigt werden!*« und weist mit dem Arm nach Wien.

Anpassung in Grüneberg.

Der Bürgermeister der niederschlesischen Stadt Grüneberg erklärt einem preußischen Oberstleutnant, der mit seinem Regiment in die Stadt einrücken will: *»Hier auf dem Ratstisch liegen die Schlüssel der Stadt. Ich werde sie Ihnen unter keinen Umständen geben! Wollen Sie sie aber selbst nehmen, so kann ich es nicht hindern.«* Der Offizier lacht, nimmt die Schlüssel, läßt die Tore öffnen – und die Preußen rücken ein.

Einzug in Breslau.

Am 3. Januar 1741 zieht FRITZ kampflos in die Hauptstadt Schlesiens, Breslau, ein. Er reitet einen Grauschimmel und trägt einen blausamtenen, silberbesetzten Rock. Während sich der katholische Feudaladel und das reiche Bürgertum vorsichtig zurückhalten, jubeln die Handwerker und Proletarier der Stadt, die der Schuster Deblin mobilisiert hat, auf den Straßen und Gassen dem jungen König zu. Die meisten von ihnen sind lutherischen Glaubens und sehen in FRITZ ihren Befreier vom österreichisch-katholischen Joch. Ein Breslauer Augenzeuge beschreibt den Einmarsch der Preußen in die schlesische Hauptstadt folgendermaßen: *»Die gantze Stadt wimmelte voller preußischer und brandenburgischer Officiers und Soldaten, lauter extra schöne, wohl qualificirte, galant-mundirte Leute, die aller Augen mit Bewunderung an sich zogen und bei unseren schlesischen Frauenzimmern starken Liebreitz erweckten, so daß manche lieber heute noch einen jungen Brandenburger gehabt hätte! Und also kam der preußische und brandenburgische Saamen nebst der Platt-Teutschen Sprache ins Land Schlesien.«*

In den Winterquartieren.

Mitte Januar 1741 schreibt FRITZ an seinen Freund und Vorleser: »*Mein lieber Herr Jordan, mein süßer Herr Jordan, mein sanfter Herr Jordan, mein guter, mein milder, mein friedliebender, mein allerleutseligster Herr Jordan! Ich melde Deiner Heiterkeit, daß Schlesien so gut als erobert ist.*« Das glaubt der Preußenkönig wirklich, weil seine Truppen inzwischen auch ganz Oberschlesien bis zur ungarischen Grenze und bis zum Jablunkau-Paß besetzt haben, ohne daß es zu ernsthaften Kämpfen gekommen ist. Hat Maria Theresia doch resigniert? Ist sie bereit, über Schlesien mit sich handeln zu lassen? Die preußische Armee jedenfalls begibt sich für drei Monate in die Winterquartiere und stellt rund um Städte und Dörfer Schlesiens Wachtposten auf.

Der Kampf beginnt.

Im Morgengrauen des 10. April 1741 treffen die preußischen Regimenter, die ihre Winterquartiere verlassen haben, plötzlich bei Mollwitz, in der Nähe der schlesischen Festung Brieg, auf die österreichische Armee. Jetzt gilt es zu kämpfen! Zum ersten Mal treten preußische Truppen den ruhmbedeckten, kriegserfahrenen Regimentern der österreichischen Großmacht in offener Feldschlacht gegenüber.

Eine schmähliche Flucht.

Gleich zu Beginn der Schlacht bei Mollwitz wird die preußische Kavallerie durch eine wuchtige Attacke des Gegners geworfen. Sie jagt in wilder Panik davon. FRITZ versucht sie zum Stehen zu bringen, wird aber schließlich von seinen Reitern mitgerissen und verzweifelt. Er übergibt Feldmarschall von Schwerin das Kommando und flieht vom Schlachtfeld.

Schwerin hält stand.

Während FRITZ davonjagt, formiert Schwerin die preußische Infanterie zum Widerstand. Sie ist von allen Seiten eingeschlossen: feindliche Infanterie von vorn, feindliche Kavallerie im Rücken und an beiden Seiten. Doch jetzt reifen die Früchte der strengen Friedensausbildung unter dem Soldatenkönig: Die preußischen Linien stehen wie Mauern; sie wanken und weichen nicht. Das Schnellfeuer der Preußen ist so präzise und furchtbar, daß die Österreicher am fast schon errungenen Sieg verzweifeln.

Die »Berliner Wachtparade«.

Auf dem rechten Flügel der Preußen stehen zwei Grenadierbataillone: jedes Glied drei Mann tief, jeder Grenadier unter seiner hohen Blechmütze. Sie feuern zuerst die österreichischen Reiter nieder und dann die feindliche Infanterie, der sie, infolge ihrer Körpergröße und ihrer Grundausbildung, an Schnelligkeit des Ladens weit überlegen sind. Schließlich beginnen sie zu avancieren: unter Trommelschlag und wehenden Fahnen, Mann an Mann, wie auf dem Exerzierplatz! Die vielverspottete *»Berliner Wachtparade«* schlägt die Österreicher in die Flucht, und von Stund' an gilt die preußische Infanterie als die beste der Welt.

Huldigung in Breslau.

Nach dem Sieg bei Mollwitz, der in Europa Sensation macht, glaubt der Preußenkönig sich Schlesiens sicher. Denn nun ist FRITZ ein begehrter Bundesgenosse: Frankreich, Bayern und Sachsen ziehen ebenfalls gegen Österreich zu Felde. Am 7. November 1741 findet im Rathaus zu Breslau die Erblandeshuldigung der schlesischen Stände statt*. Vor den Augen einer glänzenden Versammlung besteigt der junge König in militärischer Kleidung den Thron. In der Eile hat man das Reichsschwert vergessen. FRITZ zieht kurz entschlossen seinen Degen, mit dem er Schlesien gewonnen hat, und läßt darauf die Vertreter der schlesischen Stände Treue schwören. Die ganze Versammlung bricht in den Ruf aus: *»Es lebe der König von Preußen, der souveräne Herzog von Schlesien!«*

**Die Erblandeshuldigung zu Breslau, wie Baron Bielfeld dieselbe in seinen Briefen als Augenzeuge schildert.*

Reichstag zu Preßburg.

**Die Köpfe der Königin und des einjährigen Joseph sind gleichzeitigen Medaillen entnommen; die Kostüme ebenso.*

Maria Theresia verzweifelt nicht, obwohl sie nun an mehreren Fronten kämpfen muß. Die deutschen Bewohner Österreichs sind ihr ohnehin treu ergeben. Aber sie braucht dringend die Hilfe ihrer ungarischen Reichshälfte, um neue Kavallerieregimenter von Kroaten, Panduren und Husaren aufstellen und in den Kampf werfen zu können. So erscheint sie auf dem Reichstag zu Preßburg (damals Krönungsstadt in Oberungarn, heute Hauptstadt der Slowakei). Sie tritt in ungarischer Königstracht auf, ihr einjähriges Söhnchen Joseph auf dem Arm*, und bittet den ungarischen Adel mit herzbewegenden Worten um Hilfe. Die ritterlichen Magnaten reißen die Säbel aus den Scheiden und jubeln ihrer jungen Königin enthusiastisch zu.

Sieg bei Chotusitz.

Mitte Mai 1742 treffen 25 000 Preußen bei Chotusitz in Böhmen auf 30 000 Österreicher. Die preußische Kavallerie, die der König in den letzten zwölf Monaten gründlich reformiert und exerziert hat, bewährt sich diesmal. Und FRITZ führt mit dem rechten preußischen Flügel selber die siegreiche Entscheidung herbei! Die ganze österreichische Armee wendet sich zur Flucht. Und sofort schließt der Preußenkönig – ohne sich um seine Verbündeten, die Franzosen, zu kümmern – mit Maria Theresia einen von den Engländern vermittelten Frieden, der ihm ganz Schlesien beläßt.

Brandenburg-Preußen ist nun kein »Staat der Flicken und Fetzen« mehr, sondern eine anerkannte europäische Großmacht.

Festungsbau und Ökonomie.

Am 30. März 1743 legt FRITZ, der König, mit silberner Kelle und Hammer den Grundstein für ein neues Fort, das den Namen *»Preußen«* erhält und die schlesische Festung Neisse unüberwindlich machen soll. Das eroberte Schlesien bekommt eine besondere Organisation im preußischen Staat: Es wird, unter einem dirigierenden Staatsminister, direkt dem König unterstellt. Mit etwa 1,4 Millionen Einwohnern und viereinhalb Millionen Talern jährlicher Steuereinkünfte wird die neue Provinz zum ökonomischen Rückgrat des preußischen Staates, der nun im Konzert der europäischen Großmächte ernst genommen werden muß.

Sitzung der Akademie.

Kaum aus dem Felde zurück, erneuert König FRITZ die Akademie der Wissenschaften zu Berlin, zieht berühmte Gelehrte als Mitarbeiter heran und setzt großzügige Preise für Wettbewerbe aus. Die erste Versammlung des illustren Gremiums findet im Berliner Schloß statt: rechts vorne der berühmte Mathematiker Euler; links neben ihm des Königs Sekretär Jordan; gegenüber ganz links Graf Algarotti; als dritter von links der Theologe Professor Formey, der in Berlin eine französische Zeitung für Politik und Literatur mit dem Titel »*Journal de Berlin*« herausgibt; stehend und vorlesend der Staatsminister von Arnim; schließlich am Kopfende präsidierend der König. Aber nicht nur die Wissenschaften fördert FRITZ. Er trifft neue Einrichtungen, um Handel und Industrie zu beleben, und läßt Elbe und Oder durch einen neuen Kanal miteinander verbinden. Ganz Preußen wird ein einziges Feld von Unternehmungsgeist und Schaffensdrang.

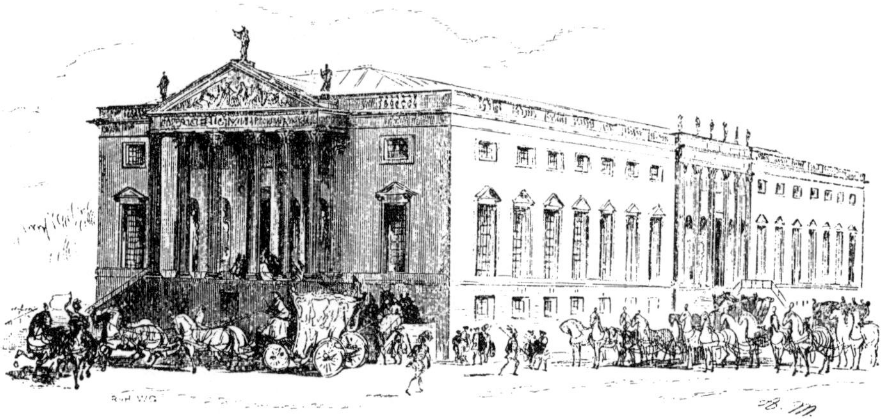

Oper und Poesie.

**Das Opernhaus in Berlin, nach der Natur gezeichnet.*

Die Einweihung der königlichen Oper* Unter den Linden mit »*Cleopatra e Cesare*« im Beisein des jungen Königs scheint den Beginn einer friedlichen Epoche für Preußen zu versprechen. FRITZ selbst ist heiter und sieht mit Optimismus in die Zukunft. Zur Hochzeit seines Freundes Keyserling dichtet er eine Komödie in drei Akten unter dem Titel: »*Die Schule der Welt*«.

Ein neuer Krieg.

Die Schule der Weltpolitik wird FRITZ jedoch sehr bald lehren, daß der Kampf um Schlesien, den er selbst leichtfertig begonnen hat, noch lange nicht zu Ende ist. Seine Spione leiten ihm einen Brief zu, in dem Englands König Georg II. an Maria Theresia beziehungsvoll schreibt: »*Madame, was gut zu nehmen ist, ist auch gut wieder zu geben*«. Nun weiß FRITZ, was ihm und Schlesien blüht! Schnell verbündet er sich wieder mit Frankreich, und kurz darauf besteigt er die Karosse, um in seinen zweiten Schlesischen Krieg gegen Österreich und gegen Sachsen zu ziehen, das es diesmal mit Maria Theresia hält.

Ein verlorener Feldzug.

Am 15. August 1744 fällt FRITZ mit 80 000 Mann in Böhmen ein. Einen Monat später nimmt er Prag. Die Österreicher müssen Truppen aus dem Elsaß abziehen, wo sie erfolgreich gegen die Franzosen kämpften, und eiligst nach Böhmen werfen. Feldmarschall Traun, Maria Theresias erfahrenster Feldherr, manövriert den Preußenkönig geschickt aus und zwingt ihn zum Rückzug nach Schlesien. Dieser Herbstrückzug von 1744 wird eine Katastrophe! Die Preußen verlieren etwa zehntausend Mann, vor allem durch Entkräftung und ansteckende Krankheiten, während ihre Rückzugskolonnen ununterbrochen von leichter feindlicher Kavallerie verfolgt und bedrängt werden, bis sie endlich die rettenden Winterquartiere in Schlesien erreichen. Nun steht es schlimm um FRITZ, dessen Kriegskasse ziemlich leer ist. So macht er einen schweren Winter durch. Österreich und Sachsen aber ziehen immer mehr Truppen um Schlesien zusammen. Der Sommerfeldzug 1745 verspricht blutig zu werden.

Attacke bei Hohenfriedberg.

Am 4. Juni 1745 steht FRITZ plötzlich mit 50 000 Preußen einer feindlichen Übermacht von 41 000 Österreichern und 25 000 Sachsen beim schlesischen Dörfchen Hohenfriedberg gegenüber. Ohne Zögern gibt er den Angriffsbefehl, und schon avancieren die Preußen bei Morgengrauen unter flatternden Fahnen und mit klingendem Spiel! Die Entscheidung des Tages fällt,

als das Dragonerregiment Ansbach-Bayreuth mit zehn Schwadronen unter der Führung des ostpreußischen Generals von Geßler attackiert. Rasend vor Wut über den schmählichen Rückzug im letzten Herbst und mit geschwungenen Säbeln stürzen sich die Dragoner in den Feind! Das Regiment sprengt zwanzig österreichische Bataillone auseinander, macht 2 500 Gefangene und erobert 66 Fahnen, Standarten und Kesselpauken. Es ist die erfolgreichste Attacke der Weltgeschichte.

Ein königliches Beispiel.

Der Sieg von Hohenfriedberg ist ohne das persönliche Beispiel, das FRITZ seinen Soldaten gegeben hat, nicht zu denken. Gleich am frühen Morgen setzt er sich an die Spitze des Infanterieregiments »*Alt-Anhalt*« und führt drei Bataillone gegen die Tod und Verderben speienden feindlichen Linien. Das Artilleriefeuer reißt die Preußen rottenweise nieder. Aber »*Alt-Anhalt*« avanciert unaufhaltsam mit geschulterten Musketen; der König mit gezogenem Degen voran. Nur 360 von 1 800 Mann erreichen die feindlichen Batteriestellungen, die FRITZ mit gefälltem Bajonett aufrollen läßt. Als der Abend an diesem 5. Juni 1745 sinkt, steht der junge Preußenkönig, wie sich ein Augenzeuge ausdrückt, »*allen Königen, die je Heere anführten, gleich*«.

Sieg und Ruhm.

Ein Bayreuther Dragoner vor den Trophäen von Hohenfriedberg!
Die Preußen haben eine beträchtliche Übermacht geschlagen. Ihre eigenen Verluste betragen ca. 4 500 Mann, die des Gegners das Dreifache (und 63 Kanonen).
Vom Tag von Hohenfriedberg an datiert der Ruhm des Preußenkönigs und der fast mythische Glaube an seine Unüberwindlichkeit. FRITZ selbst schreibt über die Schlacht: *»Die Welt ruht nicht sicherer auf den Schultern des Atlas als Preußen auf einer solchen Armee.«*

Kaiserwahl und Friedensfühler.

**Kaiser Franz I. (der Kopf nach der damals erschienenen Krönungsmedaille) und Maria Theresia, nach gleichzeitigen Medaillen und Bildnissen.*

Drei Monate nach Hohenfriedberg, am 13. September 1745, wird Großherzog Franz von Lothringen, der Ehemann Maria Theresias, feierlich zum Deutschen Kaiser gekrönt*. England, unter dem Eindruck des fritzischen Sieges, nähert sich Preußen an und verspricht, einen Frieden mit Österreich und Sachsen zu vermitteln. Doch die stolze Maria Theresia ist nicht bereit, mit einem deutschen Fürsten, den sie als »*rebellischen Untertan*« betrachtet, zu verhandeln. Sie erklärt öffentlich: »*Ich will lieber das Kleid am Leibe als Schlesien missen!*« Der Krieg geht weiter, und die Österreicher bereiten eine neue Offensive gegen den Preußenkönig vor.

Schlacht bei Soor.

Am 30. September 1745 greifen die Österreicher und Sachsen mit 40 000 Mann 20 000 Preußen an, die unter dem Befehl ihres Königs bei Soor im Sudetenland stehen. Der preußische Gegenangriff fegt die Verbündeten förmlich vom Schlachtfeld! 25 preußische Reiterschwadronen werfen fünfzig Schwadronen des Gegners. FRITZ versucht, seine siegreiche Kavallerie zur Verfolgung zu animieren und berichtet selbst darüber: »*Ich wurde mit Vivat Victoria! und unaufhörlichen Rufen empfangen. Ich rief immer Marsch!, konnte diese Kavallerie jedoch keinen Schritt vorwärts bringen. Sie war trunken vor Freude und hörte mich nicht.*« Aber auch FRITZ ist übermütig und schreibt an seinen Geheimen Kämmerer Fredersdorf: »*Es hat bei Sohrr schärfer gegangen als nihmahlen, und ich bin in der Suppe bis über die Ohren gewest. Siehst Du wohl: mir thut keine Kugel was.*«

Preis des Sieges.

Die Verluste bei Hohenfriedberg und Soor sind hoch gewesen: 8 500 Tote und Verwundete bei den Preußen, 21 000 bei den Feinden. Und das Sanitätswesen steckt bei allen europäischen Armeen des achtzehnten Jahrhunderts noch in den primitivsten Anfängen; an ein »*Rotes Kreuz*« ist noch lange nicht zu denken. An der Spitze der Sanitätshierarchie der preußischen Armee stehen ein General-Chirurgus und ein General-Stabs-Medicus. Jedes Korps von 30 000 Mann verfügt über 160 Ärzte und Hospital-Feldschere, neun sechsspännige Apothekerwagen und zwölf vierspännige Nachschubwagen. Die erste ärztliche Versorgung der Verwundeten erfolgt noch auf dem Schlachtfeld, im sogenannten Feldlazarett. Von da aus geht es weiter in ortsfeste Hospitäler. Und wie das aussieht, schildert ein Augenzeuge so: »*Die gehfähigen Verwundeten plünderten die am Wege liegenden Ortschaften, da für den Marsch auf dieser via dolorosa keinerlei Verpflegung vorgesehen war. Oder sie warteten, bis auf den Karren einer starb, damit sie sich dessen Sachen und Platz aneignen konnten.*«

Der alte Dessauer.

Die letzte Schlacht im zweiten Schlesischen Krieg schlägt der alte Feldmarschall Fürst Leopold von Anhalt-Dessau am 15. Dezember bei Kesselsdorf gegen die Sachsen. Beiden Seiten stehen jeweils 30 000 Mann zur Verfügung. Der Feind steht auf schroffen Felsen, deren mit Eis und Schnee bedeckte Abhänge unersteigbar scheinen. Doch es nützt alles nichts, König FRITZ hat den Angriff befohlen! So hält der Alte Dessauer* vor der Front seiner Grenadiere und spricht das merkwürdigste Gebet, das den Herrgott je erreichte: »*Lieber Gott, stehe mir heute gnädig bei! Aber willst Du nicht, so hilf wenigstens den Schurken, den Feinden nicht, sondern sieh zu, wie es kommt*!« Dann treten seine Blauröcke über den knirschenden Schnee zum Angriff an.

**Der Fürst Leopold von Dessau vor der Schlacht von Kesselsdorf. Zu dem Kopfe ist das in dem königlichen Schlosse zu Charlottenburg befindliche Porträt benutzt. Rücksichtlich seines Kostüms ist zu bemerken, daß bei kaltem Wetter der Rock zugeknöpft und der Degen darüber geschnallt wurde.*

Sieg bei Kesselsdorf.

Graf Rutowski, der Befehlshaber der sächsischen Armee, hält es für ausgeschlossen, daß die Preußen die schroffen Felsabhänge bei Kesselsdorf erstürmen können. Vor diesen Felsen zieht sich eine tiefe Schlucht hin, der sogenannte Zschoonengrund. Als Prinz Moritz von Dessau, der Sohn des alten Leopold, mit seinen Regimentern hier eintrifft, stutzen seine Soldaten einen Augenblick. Moritz springt jedoch sofort in die Schlucht und läßt sich von zwei Musketieren auf den Schultern durch den Morast tragen. Jubelnd folgen ihm seine Truppen, und die Kesselsdorfer Höhen werden von den Preußen gestürmt.

Nach der Schlacht.

Preußische Soldaten werden nach der Schlacht bei Kesselsdorf beerdigt. Beide Seiten haben blutige Verluste zu beklagen: Die Preußen zählen etwa fünftausend Tote und Verwundete, die Sachsen siebentausend. Jeder fünfte Mann ist also ausgefallen, und König FRITZ ist tief erschüttert über »*das gegenseitige Morden und Gemetzel*«. Der Sieg aber vermehrt seinen Ruhm in der Welt! Seit Kesselsdorf setzt sich allgemein der Glaube fest, daß nichts und niemand in der Welt imstande sei, einer mit geschultertem Gewehr vorrückenden preußischen Infanterieeinheit zu widerstehen.

»Friedrich der Große«.

**Einzug Friedrichs nach dem Frieden von Dresden in Berlin. Nach der unmittelbar darauf erschienenen Beschreibung des Einzuges entworfen.*

So nennt das jubelnde Volk König FRITZ zum erstenmal bei seiner siegreichen Heimkehr nach Berlin am 28. Dezember 1745*. Drei Tage zuvor ist der Friede von Dresden geschlossen worden, der den zweiten Schlesischen Krieg beendet. Sachsen muß eine Million Reichstaler an Preußen zahlen; Preußen seinerseits erkennt nachträglich die Wahl des Großherzogs Franz zum Deutschen Kaiser an. Vor allem aber: Der Preußenkönig behält Schlesien, ungeschmälert, und sein Staat gilt fortan als eine der stärksten Militärmächte Europas! FRITZ hält ernst und tief bewegt im offenen Wagen, bei ungewöhnlich mildem Wetter, seinen triumphalen Einzug in die preußische

Hauptstadt. Festzüge der Bürger begleiten ihn, Frauen und Mädchen bestreuen seinen Weg mit Blumen, an vielen Häusern prangt die festliche Inschrift: »*Vivat Fridericus Magnus!*« Bis zum Morgen zieht das Volk jubelnd umher. Drei Tage später veranstaltet FRITZ ein großes Friedensfest im königlichen Opernhaus. Baron Bielfeld berichtet darüber: »*Es bestand in einem Maskenball, zu dem jedermann Zutritt hatte. Der Ball dauerte bis in den Morgen, und die Masken fanden den Wein des Königs vortrefflich.*« FRITZ zieht sich am Neujahrsmorgen 1746 still nach Potsdam zurück und sagt: »*Ich werde fortan keine Katze mehr angreifen! Es sei denn, um mich zu verteidigen.*« Und er fügt hinzu: »*Was sind wir armen Menschenkinder, daß wir Projekte schmieden, die soviel Blut kosten? Laßt uns leben und Leben fördern!*«

Das neue Schloß.

**Das Schloß von Sanssouci, nach der Natur gezeichnet.*

König FRITZ hat bereits vor Beginn des zweiten Schlesischen Krieges die Errichtung eines »*Lustschlosses im königlichen Weinberge*« bei Potsdam befohlen. Es soll ihm Ersatz für das »*glückliche*« Rheinsberg sein, das zu weit entfernt von den beiden Residenzstädten Berlin und Potsdam liegt. Die temperamentvolle, sehr originelle Grundskizze für das neue Schloß hat FRITZ, der sich in der zeitgenössischen Architektur gut auskennt, mit eigener Hand entworfen. Sein Freund Knobelsdorf hatte daraufhin einen natürlichen Berghang, der eine halbe Stunde Fußweg vor dem Brandenburger Tor Potsdams lag, zu sechs großflächigen Terrassen umgestalten lassen. Über das Lustschlößchen selbst, einen bescheidenen einstöckigen Pavillon, war es dann zum Streit zwischen FRITZ und Knobelsdorf gekommen, der das Schloß auf einen soliden Unterbau placieren wollte, der ihm von Ferne her ein »*erhöhtes Ansehen*« gegeben hätte. Der König setzte sich durch: Das neue Schloß* wurde zu ebener Erde, platt, auf die oberste Terrasse gesetzt, und so entstand ein entzückendes, quasi durchsichtiges Sommerhaus mit lichten Türen und weiten Fenstern. Schloß und Natur wurden zu einer harmonischen Einheit verschmolzen. Am 19. Mai 1749 bezieht FRITZ dieses Acht-Zimmer-Landhaus am Stadtrand von Potsdam. Es wird bis zu seinem Tode sein ständiger Sommeraufenthalt sein.

Der Name »Sanssouci«.

Noch bevor der Grundstein zum neuen Schloß auf dem Potsdamer Weinberg gelegt worden war, hatte König FRITZ sich zur Seite des künftigen Gebäudes eine Gruft bauen lassen, in der er nach seinem Tode ruhen wollte. Diese Gruft war aus Marmor errichtet und mit einem Bildnis der Flora geschmückt worden*. Zu einem Freund hatte der junge König gesagt: »*Quand je serai là, je serai sans souci!*« (»*Wenn ich dort bin, werde ich ohne Sorge sein!*«) So war der Name entstanden, den bald alle Welt dem verspielten Lustschlößchen unter märkischem Himmel zulegen sollte. FRITZ aber wird auch hier, in »*Sanssouci*«, in Sorge um seinen Staat, Preußen, aufgehen.

**Die Bildsäule der Flora auf der Terrasse von Sanssouci nach der Natur gezeichnet.*

Arm und reich.

Rings um den fröhlichen Weinberg bei Potsdam existiert der Staat Preußen: immer noch ein armes, ein halbkoloniales Entwicklungsland. Und wenn die glänzenden Karossen zwischen Berlin und Potsdam hin- und herfliegen, aus denen Musik, Scherze, Bonmots und Gelächter von schönen Damen und galanten Kavalieren klingen, so stehen leibeigene Bauern mit ihren Weibern und Kindern im Straßenstaub; oft genug barfuß und mit knurrendem Magen. Oder ein Hütejunge zieht staunend mit seiner Herde an einem der feudalen Adelsschlösser vorbei. Die Standesunterschiede des achtzehnten Jahrhunderts scheinen unüberbrückbar.

Der aufgeklärte Absolutismus.

FRITZ versteht sich nicht als Sachwalter der Reichen, sondern als erster Diener seines Volkes. Er regiert seine Preußen unumschränkt und absolut aus seinem Arbeitszimmer, seinem Kabinett*, indem er sich persönlich um jede Einzelheit des staatlichen und gesellschaftlichen Lebens kümmert. Es geht ihm darum, seinen königlichen Willen zur Erhaltung und Befestigung der Macht des Staates in die Tat umzusetzen. Dieses Streben will er mit den geistigen Forderungen der Aufklärung für Wohlfahrt und Bildung der Menschen verbinden. So wird FRITZ in den Augen Europas zum idealtypischen Vertreter des *»aufgeklärten Absolutismus«* und zum Schöpfer und Gestalter des modernsten Staatswesens innerhalb der Grenzen des damaligen Deutschen Reiches.

**Das Arbeitszimmer Friedrichs im königlichen Schlosse zu Potsdam. Das Zimmer, in seiner ursprünglichen Beschaffenheit noch gegenwärtig erhalten, ist an Ort und Stelle gezeichnet.*

Auf Inspektionsreise.

So wie FRITZ sich den Tag genau einteilt, um keine seiner königlichen Pflichten zu versäumen, so gliedert er auch das Jahr nach seinen Tätigkeiten. Jeweils im Frühjahr und im Herbst finden große Inspektionsreisen in die verschiedenen Provinzen statt, auf denen er nicht nur sein Land durch eigenen Augenschein kennenlernt, sondern auch mit den Bewohnern ins Gespräch kommt, deren Nöten und Beschwerden er oft an Ort und Stelle abzuhelfen sucht. Immer wieder ermahnt er Beamte, Kaufleute, Bürgermeister und Handwerker, sich mit ihren Sorgen freimütig an ihn zu wenden: *»Denn dazu bin ich ja da.«*

Die Bevölkerungspolitik.

Menschen sind für König FRITZ der kostbarste Reichtum, den er seinem zurückgebliebenen Land bescheren möchte. Überall im preußischen Staat sind Maurer und Handwerker bei der Arbeit, hört man Klopfen, Sägen und Hämmern, werden neue Dörfer angelegt. Vor allem in Hinterpommern, in der Neumark, in der Grafschaft Ruppin, im Teltow und im Kreis Beeskow-Storkow. Allein in Pommern und in der Mark Brandenburg werden 250 Dörfer gegründet. Da jedes neue Dorf bei seiner Anlage vorerst einmal für zwanzig Familien (mit rund hundert Köpfen) berechnet wird, bedeutet das, daß allein in diesen beiden Provinzen fünftausend neue Familien angesiedelt werden. Der preußische Staat verwandelt sich allmählich in eine große Baustelle.

Am Oderbruch.

König FRITZ hat seinen Staat durch die Eroberung Schlesiens und durch die Erbschaft Ostfrieslands um ein Drittel vergrößert. Dennoch bleibt er unablässig bestrebt, auch im Innern seines Staates »*ökonomische Eroberungen*« zu machen. So werden wüste Landstriche urbar gemacht, Einöden mit Dörfern und Kolonisten besiedelt. Vor allem läßt FRITZ die Brüche an den größeren Flüssen trockenlegen. Am 8. Juli 1747 beginnen die riesigen Arbeiten zur Kultivierung des Oderbruchs: zum Teil unter Aufbietung von Truppen gegen die renitenten Adligen und Bauern, die zu ihrem eigenen Glück und Fortschritt gezwungen werden müssen. Nach sechs Jahren Arbeit ist das gigantische Werk 1753 vollendet: FRITZ hat Land für 50000 Menschen gewonnen, die er auf den urbar gemachten Gegenden ansiedelt und großzügig mit Geld und Vieh unterstützt. Befriedigt kann sein Blick vom Oderdamm aus über das aufblühende Land schweifen.

Religiöse Toleranz.

Gleich bei seinem Regierungsantritt, 1740, hatte FRITZ dekretiert:
»Alle Religionen sind gleich gut. Und wenn Türken und Heiden nach Berlin kommen, so wollen wir Moscheen für sie bauen; wenn sie nur das Land bevölkern.«
Preußen war damit im Hinblick auf religiöse Toleranz und Gewissensfreiheit zum fortschrittlichsten Staat Europas geworden! Jetzt, nach der Eroberung Schlesiens, einer Provinz, in der zahlreiche Katholiken leben, setzt der Preußenkönig seine Überzeugungen in die Tat um: Der katholische Bevölkerungsanteil erhält ebensoviel Förderung und Ermunterung wie der protestantische.
Ja, den Katholiken Berlins schenkt der König den Bauplatz zur Errichtung eines eigenen Doms, und am 13. Juli 1747 wird in einem glänzenden Festakt* von einem Bevollmächtigten des Königs der Grundstein gelegt.

**Feier der Grundsteinlegung für den Bau der katholischen Kirche zu Berlin. Nach den Blättern, welche der Architekt Legay, der die Anordnungen der Feierlichkeit leitete, hierüber selbst erscheinen ließ.*

Rechtsstaat Preußen.

**Für Cocceji sind die im Kammergericht zu Berlin befindliche Marmorbüste von Tassaert und der berühmte Kupferstich von G. F. Schmidt benutzt.*

König FRITZ mit dem Großkanzler Cocceji*, der sein wichtigster Mitarbeiter wird und mit dessen Hilfe er Preußen zum ersten Rechtsstaat Europas macht. Damals dauern Prozesse oft Jahre, wenn nicht Jahrzehnte. (Beim Reichskammergericht zu Wetzlar sind zu der Zeit 61 233 Prozesse anhängig, d.h. seit vielen Jahren unerledigt.) FRITZ schickt Cocceji von 1747 bis 1751 auf Inspektionsreise durch sämtliche preußischen Provinzen. Der Erfolg ist verblüffend: Innerhalb eines einzigen Jahres werden allein in Berlin, Stettin und Köslin rund 4 400 überfällige Prozesse erledigt! FRITZ verfügt, daß künftig alle Richter besoldet und damit von den streitenden Parteien unabhängig werden. Zur Hebung des völlig verkommenen und total bestechlichen Advokatenstandes stiftet er eine erste Schule zur Ausbildung von Referendaren in Berlin-Köpenick. Die Todesstrafe hat er schon 1740 abgeschafft (mit Ausnahme von Hochverrat oder Massenmord; 1755 fällt sie auch für diese beiden Delikte). Den Brauch, Diebstahl mit dem Tode zu bestrafen, der in ganz Europa üblich ist, bezeichnet er als *»von den Reichen gemacht«*. Was die Prozeßführung selbst angeht, so schreibt er 1752: *»Ich habe mich entschieden: In den Gerichtshöfen müssen die Gesetze sprechen und muß der Souverän (Herrscher) schweigen!«* Die Welt bewundert staunend das Modell Preußen.

Ich werde den Lauf der Prozesse niemals stören!

Der Militärreformer.

In den zehn Friedensjahren von 1746 bis 1756 verstärkt der Preußenkönig seine Armee kaum. Die Gesamtzahl seiner Truppen bewegt sich um 135 000 Mann, während Maria Theresia beispielsweise ein Heer von 180 000 Soldaten unterhält. FRITZ arbeitet jedoch unermüdlich am Ausbildungsstand seiner Einheiten; vor allem an dem seiner Kavallerieverbände. Er reformiert die Taktik und das Vorschriftenwesen, prüft persönlich sämtliche Neuerungen auf dem Gebiet der Waffenherstellung und macht die Frühjahrs- und Herbstmanöver zu einer stehenden Einrichtung.

Weltweiter Ruhm.

Im Jahre 1750 können die Berliner staunen: Ein tatarischer Aga kommt als Abgesandter des Chans der Krimtataren, um dem Preußenkönig FRITZ, dessen Ruhm bis in die fernsten Weltteile gedrungen ist, als Zeugnis der Bewunderung und der Ehrfurcht kostbare Waffen, Pferde, Dromedare, Teppiche und Edelsteine zu überbringen.

Glänzende Feste.

Im selben Jahr kommt Markgräfin Wilhelmine von Bayreuth nach Berlin zu Besuch. FRITZ zeigt sich seiner Lieblingsschwester gegenüber von der aufmerksamsten und galantesten Seite. Am 25. August findet im Berliner Lustgarten bei Nacht ein Karussellreiten* statt. Der Platz ist von ausgeschlagenen Tribünen umsäumt und von Hunderten von Lampen erhellt. Vier Reiterscharen, in Gold und Silber funkelnd, kämpfen als Griechen und Perser, Römer und Karthager miteinander um die Turnierpreise, die Prinzessin Amalie, eine jüngere Schwester des Königs, verteilt. Selbst Voltaire, der damals in Berlin weilt und durch die glänzenden Spektakel von Versailles und Paris verwöhnt ist, äußert sich entzückt.

**Großes Karussell im Lustgarten von Berlin. Nach der Beschreibung desselben in der Biographie des General Zieten, welcher selbst einen der ausgesetzten Preise gewonnen hatte. Eine andere Quelle war nicht zu ermitteln.*

Die Tafelrunde.

**Abendtafel im Salon des Schlosses von Sanssouci. Derselbe an Ort und Stelle gezeichnet. Friedrich zur Seite sitzt Voltaire, dem sich Feldmarschall Keith und Marquis d'Argens anreihen. Gegenüber, an der anderen Seite des Tisches, sitzt der Lord-Marschall Keith. Sämtlich nach gleichzeitigen Porträts.*

Deutschland, ja ganz Europa, blickt fasziniert nach Sanssouci. Die kapriziöse Landvilla des Königs FRITZ wird zum Eldorado des Fortschritts und der Aufklärung, zum Treffpunkt der europäischen Intelligenz. Nicht nur Bach und Voltaire reisen nach Potsdam, um dem bezaubernden, vom Ruhm verklärten Preußenkönig ihre Aufwartung zu machen. Dichterlesungen werden gehalten, Konzerte veranstaltet, Disputationen abgehandelt. Hinter den Flügeltüren des märkischen Lustschlößchens funkelt es von Kerzenglanz und von Esprit. Die Tafelrunde von Sanssouci*, an der man über Gott und die Welt philosophiert, wird zur internationalen Berühmtheit! Seit den Tagen der Antike hat man eine solche Symbiose von Geist und Macht, einen solchen Hort von Heiterkeit und Witz, von Weisheit und Humanität nicht mehr gesehen. Voltaire, der Frankreich verlassen hat und am 10. Juli 1750 in Berlin eingetroffen ist, von FRITZ mit allen Ehren und Auszeichnungen empfangen, schreibt ganz außer sich an einen Freund in Frankreich: »*Nun bin ich hier an diesem einst so ungastlichen Orte, der heute durch die Künste verschönert, durch den Ruhm geadelt ist. 150 000 siegreiche Soldaten, keine Advokaten, Oper, Lustspiel, Philosophie, Dichtkunst, ein Held, der Philosoph und Dichter ist. Größe und Anmut, Grenadiere und Musen, Trompeten und Violinen, geistvolle Gastmähler, Geselligkeit und Freiheit! Wer sollte es glauben? Und doch ist alles reine Wahrheit!*«

Das Flötenkonzert.

Abendmusik im Konzertzimmer des königlichen Schlosses zu Potsdam*.
In der Mitte, mit Querflöte, der König; im Hintergrund, an einen Pfeiler gelehnt, sein Flötenlehrer Johann Joachim Quantz; daneben Kapellmeister Johann Gottlieb Graun. FRITZ, allen musikalischen Neuerungen immer aufgeschlossen, verbessert weiter seine technische Virtuosität auf der Querflöte und komponiert selbst vier von ihm signierte Flötenkonzerte. Das dritte, ein Flötenkonzert in C-dur, bestehend aus den Sätzen Allegro – Grave – Allegro assai, spiegelt in vollendeter Weise das musikalisch-seelische Empfinden des Menschen FRITZ wider: Neben technischer Akkuratesse und rhythmischer Phantasie besticht vor allem die geistige Energie; hinter den schwermütigen, ja tief pathetischen Takten des Grave erhebt sich strahlend und siegesgewiß im Allegro assai das Feuer einer ungewöhnlichen Begeisterungsfähigkeit.

**Dasselbe nach der Natur gezeichnet. Das Kostüm des Königs anlangend, ist zu bemerken, daß Friedrich noch während dieser ersten Hälfte seiner Regierungszeit bei öfteren Gelegenheiten in eleganten Modekleidern von den heitersten Farben erschien.*

Das Zwiegespräch.

König FRITZ im vertrauten Gespräch mit Voltaire, während eines Spaziergangs unter den Kolonnaden von Sanssouci*. Voltaire wird zum Berater und Lehrmeister des Königs in stilistischen Fragen. Unter seiner tätigen Mithilfe erscheinen Ende 1750 die »*Werke des Philosophen von Sanssouci*«, in einer Prachtausgabe gedruckt und nur für den engsten Freundeskreis bestimmt. Während Voltaire die literarischen Ambitionen seines königlichen Freundes mit dem Spott und Wohlwollen des überlegenen Fachmanns behandelt, begeistern ihn die aufgeklärten Rechtsreformen, die FRITZ und sein Großkanzler Cocceji in Preußen vollziehen. Aufklärung – darin sind sich die beiden Männer einig – ist Erziehung! Erziehung des einzelnen zum Nutzen der Allgemeinheit. Es ist, als sei FRITZENS Großmutter, Königin Sophie Charlotte, wiederauferstanden, die vor einem halben Jahrhundert mit Leibniz in Charlottenburg wandelte und dieselben Fragen diskutierte.

**Nach der Natur gezeichnet.*

Der König.

FRITZ zu Beginn des Jahres 1756; gerade 44 Jahre alt. Er steht nun im Zenit, auf dem Höhepunkt seines Lebens. Der kleine Mann aus Berlin (1,65 Meter) ist in der ganzen Welt bekannt. Fünf siegreiche Schlachten (Mollwitz, Chotusitz, Hohenfriedberg, Soor, Kesselsdorf) und seine fortschrittlichen Staats- und Gesellschaftsreformen verschaffen ihm in den Augen seiner Zeitgenossen strahlenden Ruhm und das höchste Interesse. Er selbst hört sich am liebsten den »*Philosophen von Sanssouci*« nennen. FRITZ kleidet sich bis 1750 noch in Röcke nach der neuesten Pariser Mode, bevorzugt Galakleider von Gold- und Silberstoff mit Brillantknöpfen. Danach trägt er nur noch die blaue Uniform seines Leibgardebataillons mit roten Aufschlägen und reicher Silberstickerei, am Dreispitz die feinsten Straußenfedern. Dann entfällt auch die Stickerei; seine Uniform wird immer einfacher und charakteristischer. An der linken Hand, die er gern salopp in die Tasche seines Uniformrocks steckt, trägt er zwei kostbare Solitärbrillanten, am Zeigefinger der Rechten einen großen Chrysopas aus Schlesien. Seine Uniform ist vorne mit den Spuren seines spanischen Schnupftabaks besprenkelt; er achtet es nicht. Seit kurzem hat er sich einen Krückstock zugelegt. Nur noch Uniform (die er früher so haßte), einfachster Schnitt, und einen Krückstock in der Hand –: Wird FRITZ, der König, seinem ungeliebten Vater ähnlich?

Immer auf Posten.

Während König FRITZ in Sanssouci für das Wohl seines Staates arbeitet und sich bei Tafelfreuden und Flötenkonzerten entspannt, bleibt sein Blick doch immer mißtrauisch und sorgenvoll auf die großen Mächte Europas gerichtet. Niemand weiß besser als der Preußenkönig, daß sein Staat zwar gefürchtet, aber nicht geliebt ist, daß die altetablierten Großmächte des Kontinents nur mit Neid und Unwillen auf den preußischen »Emporkömmling« blicken. Und so oft FRITZ auch seine Friedensliebe beteuert, so bleibt er sich doch stets dessen bewußt, wie zerbrechlich der europäische Friede ist. Er weiß, daß er durch seinen Einfall in Schlesien zu dem Fürsten geworden ist, den die anderen Fürsten – seiner Erfolge wegen – hassen. So hämmert er seinen Preußen ein: *»toujours en vedette!«* Das soll heißen: immer auf Posten, niemals lasch und lau sein! Und in der Tat ist der zehnjährige Friede von 1746 bis 1756 für seine Armee eher eine Art Waffenstillstand; die preußischen Husarenpatrouillen an den Grenzen sind immer auf Wacht.

Rache für Schlesien.

Maria Theresia hatte zwar nach dem Frieden von Dresden (25. Dezember 1745) erklärt, sie sei *»fest entschlossen, den Vertrag auf das Heiligste zu halten«*, aber sie hatte sogleich zweideutig hinzugefügt, daß man *»künftige Konjunkturen«* (also: neue Möglichkeiten) durchaus nutzen sollte. Und die stolze Habsburgerin kann Schlesien, den *»schönsten Edelstein in unserer Krone«*, nicht vergessen; der Verlust dieser Provinz verursacht ihr *»schwerstes Herzeleid«*. So steigert sie sich in einen lebenslangen Revanchismus und tut mit bewunderungswürdiger Energie alles, ihren altmodischen Staat nach dem Vorbild Preußens zu reorganisieren, die Wirtschaft zu beleben, die Verwaltung zu straffen. Hoch zu Roß inspiziert die Kaiserin immer wieder ihr österreichisches Heer*, dessen 180 000 Mann durch stete Ausbildung und ständige Übungen in eine kriegsmäßige Verfassung gebracht werden. Vor allem aber beauftragt sie ihren Staatskanzler, den Grafen Kaunitz, seine Diplomatie nach allen Seiten spielen zu lassen, um Österreich mächtige Verbündete zu gewinnen und mit ihrer Hilfe Preußen zu isolieren und einzukreisen.

**Österreichische Heerschau. Maria Theresia; hinter ihr, zu ihrer Rechten, Prinz Karl von Lothringen; zu ihrer Linken, im Vordergrund, General Serbelloni; alle nach gleichzeitigen Porträts.*

Eine starke Antwort.

**Ludwig XV. von Frankreich. Der Kopf nach dem Porträt im königl. Schlosse zu Berlin.*

König Ludwig XV. von Frankreich* ist kein Freund Preußens; er neidet FRITZ seinen weltweiten Ruhm. Dennoch kokettiert er mit Berlin, denn Frankreich steht in Übersee, in Kanada und Indien, in bitterer Feindschaft mit England. Die beiden Supermächte von damals balgen sich um Rohstoffgebiete und Absatzmärkte; ihre Rivalität richtet sich auf die Gründung weltweiter Kolonialreiche. England aber hat einen schwachen Punkt: Es besitzt Hannover und wäre dort durch eine preußisch-französische Allianz gefährdet. So schlägt Ludwig XV. dem preußischen Gesandten vor, gemeinsam über Hannover herzufallen, und fügt hinzu: *»Schreiben Sie Ihrem König, es gibt Beute zu machen! Der Schatz des Königs von England ist gut gefüllt. Ihr König braucht nur zuzugreifen.«* FRITZ antwortet postwendend, er sei kein *»Straßenräuber«*. Eine vielbeachtete und selbstbewußte Antwort, die ihm aber Frankreichs König zum offenen Feind macht.

Herrschaft der Unterröcke.

FRITZENS schroffe Antwort und ein Neutralitätsabkommen, das er am 16. Januar 1756 mit England über Hannover schließt, lassen die Luft in Paris für ihn eisig werden. Darüber hinaus begeht er den folgenschweren Fehler, die schöne Marquise de Pompadour (hier ihr Bild in einem reichverzierten Rahmen) zu brüskieren. Die Pompadour, ursprünglich von bürgerlicher Herkunft, ist die *»Madame la maitresse en titre«*, also die Hauptgeliebte des französischen Königs. Sie hatte dem berühmten Preußenkönig 1750 durch Voltaire schöne Grüße entbieten lassen; doch FRITZ hatte damals geantwortet: *»Kenne ich nicht.«* Er verachtet die *»Weiberwirtschaft«* in Versailles und teilt die wechselnden französischen Regierungen nach Unterröcken ein: *»Unterrockregierung 1, 2, 3, etc.«* So wird die Pompadour seine Todfeindin und spinnt Fäden nach Wien. Die fromme Maria Theresia nimmt sie auf, und nach einigen inneren Skrupeln schreibt sie persönlich an Ludwigs Mätresse, nennt sie *»Prinzessin«*, auch *»ma chère cousine«* oder *»teuerste Schwester«*. Der Erfolg bleibt nicht aus: Frankreich und Österreich begraben ihre jahrhundertealte Feindschaft und schließen am 9. Mai 1756 ein Bündnis. Die Nachricht davon schlägt in Europa wie eine Bombe ein! Man spricht von einem *»Umsturz der Bündnisse«*.
Und nun steht es schlimm mit FRITZ.

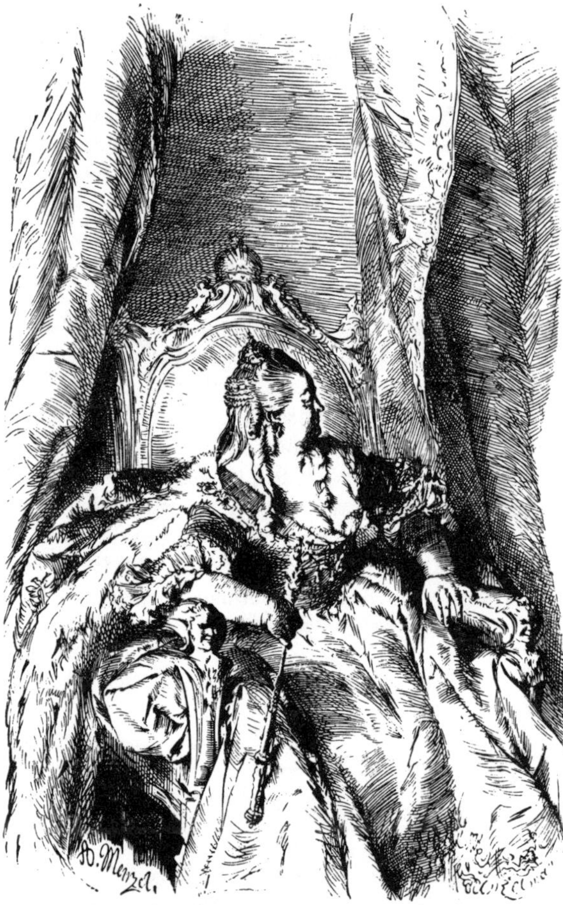

Dritte im Bunde.

Zarin Elisabeth von Rußland wird schließlich – zusammen mit Maria Theresia und der Pompadour – die Dritte im Bunde gegen FRITZ. Auch das hat sich der Preußenkönig selber zuzuschreiben: Die Zarin, eine rabiate Person, welche die *»Mannskerle«* und den Wodka über alles liebt, hat erfahren, daß FRITZ sie einmal als *»infame Hure des Nordens«* bezeichnet hat, und ihm grimmige Rache geschworen. (Heute wissen wir, durch angloamerikanische Forschungen nach 1945, daß mehr noch als Österreich Rußland die treibende Kraft in der Einkreisungspolitik gegen Preußen war und daß König FRITZ die Gefahren für seinen Staat damals nicht einmal völlig erkannt hat.) Die Zarin will um jeden Preis Krieg gegen Berlin, will Ostpreußen und Polen an sich reißen! Im Frühjahr 1757, so wird vereinbart, soll Preußen überfallen werden. Nun hat FRITZ drei *»Unterröcke«* gegen sich, und der Einkreisungsring um Preußen ist geschlossen.

Praevenire statt praeveniri.

Auch im Dresdner Schloß konspirieren König August III.* von Sachsen/Polen (links) und sein Staatskanzler Brühl gegen Preußen. Insbesondere Graf Brühl, der 150 Perücken besitzt, *»aber keinen Kopf«*, wie FRITZ übermütig spottet, wird von der Absicht umgetrieben, den König von Preußen zum *»Marquis de Brandenbourg«* zurückzustufen. FRITZ erfährt alles, denn sein Kabinettsrat Eichel hat den sächsischen Hofkanzlisten Menzel bestochen, die Depeschenschränke im Dresdner Geheimarchiv zu öffnen (dafür hat er zwei riesige Schlüsselbunde aus Berlin bekommen) und die wichtigsten Dokumente für den Berliner Hof zu kopieren. Durch seine Schwester Ulrike, Königin von Schweden, weiß FRITZ des weiteren, daß man sich auch in Stockholm auf einen Krieg vorbereitet und Pläne macht, ihm Pommern mit Stettin wegzunehmen. Preußen soll von allen Seiten bekriegt und dann zerstückelt werden! Mitte Juli 1756 ist FRITZ sich darüber im klaren und beschließt: *»besser praevenire als praeveniri«*, also: besser zuvorkommen als sich zuvorkommen lassen.

**König August III. und Brühl. Der Kopf des ersten nach dem Pastellbildnisse von Mengs, welches sich in der königl. Galerie zu Dresden befindet. Das Lokal ist dem Zwinger daselbst, welcher in jener Zeit der Schauplatz vieler Hoffeste war, entnommen.*

Krieg in Sicht.

Überall in Mitteleuropa trifft man militärische Vorbereitungen. Während der überseeische Krieg zwischen England und Frankreich in voller Schärfe entbrennt, sammeln sich österreichische Truppen in Böhmen, preußische Regimenter in Brandenburg und Schlesien, während die Russen an der Grenze Ostpreußens demonstrieren. Am 26. Juli und 2. August 1756 jagt König FRITZ einen reitenden Kurier nach Wien zu Maria Theresia. Er kennt die *»volle Kriegsbereitschaft der Alliierten«* und ersucht um die Garantie, daß man ihn weder 56 noch 57 angreifen wird. Die Antwort ist ausweichend, und eine dritte Anfrage wird hochfahrend abgewiesen. Als der Kurier ihm diese Nachricht überbringt, ist das für FRITZ praktisch die Kriegserklärung! Er wird nicht bis zum nächsten Frühjahr warten, bis man ihm Bedingungen stellen oder über ihn herfallen wird. Er wird allen zuvorkommen und die knappe Sommerfrist des Jahres 1756 noch nutzen.

»Umdräuet von Verderben«.

Der Entschluß des Preußenkönigs, den internationalen Einkreisungsring um seinen Staat mit dem Schwert zu zerschlagen, ist mehr als wagemutig: er ist abenteuerlich. Auf seiner Seite steht – von ein paar winzigen deutschen Splitterstaaten abgesehen – nur England; gegen ihn fast ganz Europa. Mit vier Millionen gegen achtzig Millionen! *»Ein Verrückter«*, ruft König Ludwig XV. in Paris aus. *»Der Tamerlan von Potsdam«*, reibt sich Graf Kaunitz in Wien die Hände. *»Die größte Mächtekombination Europas, die Öffentlichkeit der ganzen Welt wird gegen uns sein«*, warnen in Potsdam die Brüder des Königs. Den *»Untergang seines Ruhms«* als Philosoph und Friedensfürst prophezeit ihm Voltaire in einem Briefgedicht. FRITZ antwortet, daß er das Glück des Friedens wahrlich dem Krieg vorziehe, und wünscht Voltaire, daß er sich in sicherer Zurückgezogenheit der Ruhe des Weisen erfreuen dürfe. Dann schließt er:

»Doch ich, umdräuet von Verderben,
Muß kühn dem Sturm entgegenziehn,
Als König denken, leben, sterben!«

Einmarsch in Sachsen.

Am 29. August 1756 marschiert König FRITZ mit 60 000 Mann in Sachsen ein, das er dringend als Operationsbasis gegen Österreich benötigt. Zwölf Tage später ist Dresden, die Hauptstadt des Kurfürstentums, kampflos in seiner Hand. Denn die sächsische Armee, 17 000 Mann stark, zieht sich in das Elbsandsteingebirge zurück und verschanzt sich, hoch auf den Bergen, zwischen Pirna und Königstein, wo sie von den Preußen eingeschlossen wird. Der deutsche Kaiser mahnt FRITZ in einem offenen Schreiben, *»von seiner unerhörten, höchst frevelhaften und sträflichen Empörung abzulassen und still und ruhig nach Hause zu gehen«*. Die preußischen Truppen fordert er auf, *»ihren gottlosen Herrn zu verlassen und seine entsetzlichen Verbrechen nicht zu teilen«*. Aber die fritzischen Soldaten singen:

»In drei Kolonnen frisch aufmarschiert,
der König geht voran.
Er gibt nun aus das Feldgeschrei
und kommandiert: Heran!«

Die unumstößlichen Beweise.

Die öffentliche Meinung Europas schäumt, nennt FRITZ einen »*Aggressor*« und einen »*Friedensbrecher*«. Aber der Preußenkönig hat ja die Dokumente in der Hand, die den Angriffswillen und die Zerstückelungspläne seiner Feinde beweisen. Es sind jedoch nur Kopien (die, welche das »*Subjekt*« Menzel, der Hofkanzlist, angefertigt hat), und so dringt General von Winterfeldt in die Privatgemächer der Kurfürstin im Dresdner Schloß ein und fordert die Herausgabe der Schlüssel zu den Geheimschränken, in denen die Originale liegen. Wenige Tage später erscheint in Berlin eine Publikation der sächsischen Urkunden, was vor allem in England einen nachhaltigen Eindruck zugunsten FRITZENS macht. Das übrige Europa bleibt überwiegend bei seiner Verurteilung des Preußenkönigs; aber die Echtheit der Urkunden kann niemand bestreiten. König FRITZ hat das beste Gewissen von der Welt, fühlt sich mitnichten als Aggressor und bereitet umsichtig die nächsten militärischen Maßnahmen vor.

»Wie die Furien«.

Zur Befreiung der bei Pirna eingeschlossenen sächsischen Armee rücken eilig die Österreicher unter ihrem Feldmarschall Browne heran. FRITZ zieht ihnen mit einem Teil seiner Streitkräfte entgegen. Am 1. Oktober stehen sich die Gegner am Rande der nordböhmischen Ebene bei Lobositz gegenüber: 30 000 Preußen gegen 35 000 Österreicher. Die fritzischen Grenadiere müssen unter schweren Verlusten hohe Weinberge erstürmen, in denen sich Kroaten und Panduren verschanzt haben, die exzellente Schützen sind. Es kommt zum blutigen Nahkampf mit Kolben und Bajonett. Der Schweizer Augenzeuge Bräker berichtet: *»Unsere geborenen Preußen und Brandenburger packten die Panduren wie die Furien!«* Schließlich springen und jagen die Österreicher in wilder Flucht die Weinberge hinab. Beide Seiten verlieren je etwa 3 000 Mann. Die Vereinigung der Österreicher mit den Sachsen ist gescheitert. Die sächsische Armee auf den Höhen von Pirna kann – will sie nicht Hungers sterben – nur noch vor FRITZ kapitulieren.

Kapitulation der Sachsen.

17 000 Sachsen müssen in aussichtsloser Lage vor den Preußen die Waffen strecken. Das erbittert die tapferen Soldaten zutiefst! König FRITZ reitet ihre Front ab und befiehlt, sie nicht in Kriegsgefangenschaft zu schicken, sondern sie – ohne die Offiziere – in die preußische Armee einzureihen. Zehn sächsische Infanterieregimenter werden so komplett übernommen. Ein törichter Entschluß! In den nächsten beiden Schlachten desertieren die Sachsen haufenweise. Ende 1757 stehen nur noch drei sächsische Infanterieregimenter und ein Grenadierbataillon auf preußischer Seite. Prinz Moritz von Dessau hatte dem Preußenkönig eingeredet, die Sachsen, als Protestanten, würden liebend gern für einen evangelischen Fürsten fechten. FRITZ muß lernen, daß es auch bei den einfachen Leuten etwas wie Heimatliebe und Ehrgefühl gibt.

Winterquartier in Dresden.

Im 18. Jahrhundert kennt man noch keine Winterkriege. So verteilt FRITZ seine Truppen überall in Sachsen und schickt sie in die Quartiere. Er selbst bleibt in Dresden, wo er die Stadttore streng bewachen und jeden illegalen Verkehr nach Böhmen, zur österreichischen Armee, unterbinden läßt. Er weiß, daß er den feindlichen Einkreisungsring nicht zerbrochen hat. Aber er hält Sachsen als starkes wirtschaftliches und geographisches Faustpfand in seiner Hand! Von hier aus beginnt er den Frühjahrsfeldzug 1757 und dringt Ende April in vier Kolonnen, mit 113 000 Mann, nach Böhmen vor. Die Österreicher weichen in ihr verschanztes Lager am Ostrand der böhmischen Hauptstadt Prag zurück. Dort kommt es am 6. Mai zu einer furchtbaren Schlacht.

Sturm auf Prag.

In der Schlacht bei Prag stehen 60 000 Preußen der gleichen Anzahl Österreicher gegenüber. Die preußischen Regimenter sind von Eilmärschen ausgepumpt. König FRITZ aber will eine schnelle Entscheidung und gibt den Befehl zum Angriff. Die preußische Kavallerie, unter dem Husarengeneral Hans Joachim von Zieten, wirft zu Beginn der Schlacht die österreichische Reiterei über den Haufen. General von Winterfeldt führt vierzehn Bataillone durch knietiefe Sümpfe gegen eine undurchdringliche Wand aus österreichischem Gewehr- und Kartätschenfeuer. Winterfeldt wird am Hals getroffen und stürzt bewußtlos aus dem Sattel. Die Preußen wanken! Da sprengt der greise Feldmarschall von Schwerin*, der Sieger von Mollwitz, heran, den seine Soldaten *»Vater«* nennen, und ergreift aus der Hand eines Junkers die Fahne seines Regiments. Alles avanciert! Nach zwölf Schritten wird der Feldmarschall von fünf Kartätschenkugeln getroffen und sinkt leblos zu Boden. Unter den Preußen breitet sich Entsetzen aus. *»Schwerin ist tot!«*, so geht der Schreckensruf von Bataillon zu Bataillon.

**Schwerins Kopf ist Porträt. Die charakteristischen Eigentümlichkeiten in der Montierung des Regiments sind genau beobachtet.*

Trauer um Schwerin.

In der höchsten Krisis der Schlacht erkennt König FRITZ, daß in der österreichischen Front eine Lücke klafft. In meisterhafter Ausnutzung der Lage faßt er achtzehn Bataillone zusammen und wirft sie in die feindliche Bresche. (Im Jahre 1805 wird Napoleon Bonaparte dem Preußenkönig das bei Austerlitz nachmachen.) Diese Aktion reißt die österreichische Abwehrfront auseinander, und die preußischen Musketiere stürmen die feindlichen Stellungen. Die Österreicher fliehen in die Festung Prag, die von den Preußen eingeschlossen wird. Beide Seiten haben jeweils ca. 14 000 Mann verloren, und durch Europa fliegt die Kunde von der Unüberwindlichkeit des Königs FRITZ. Die preußische Armee aber ist in düsterer Stimmung: Soldaten und Offiziere trauern um Vater Schwerin, den FRITZ tief erschüttert als die *»Säule der preußischen Infanterie«* bezeichnet, die nun gefallen sei.

Massaker bei Kolin.

Prag hält sich tapfer, und FRITZ muß mit einem Teil seiner Armee einem österreichischen Entsatzheer entgegenziehen. Am Morgen des 18. Juni 1757 steht er mit 30 000 Mann und neunzig Geschützen dem Feldmarschall Daun gegenüber, der mit 45 000 Mann und 150 Geschützen einen langgestreckten Höhenzug besetzt hält. Infolge falscher Befehlsübermittlung greifen die Preußen frontal an, statt zu umfassen. Sie stürmen in ihren Tod! Der Leutnant von Prittwitz, Teilnehmer der Schlacht, berichtet: *»Die Kanonen wurden abgeprotzt, die Gewehre gehoben, die Säbel entblößt, das Treffen formiert, und dann erschallte von allen Seiten her das Donnerwort ›Marsch-Marsch!‹ Nachdem solches geschehen, ging es unter Trommelschlag und Musik im starken Tritt gerade auf den Feind los, der uns erwartet und sich in die gehörige Fassung gesetzt hatte. Kaum war das Regiment einige Schritte vorgerückt, so empfingen wir auch schon die Wirkung der feindlichen Geschütze. Und als wir näher kamen, wurden wir mit Kartätschenkugeln dermaßen begrüßt, daß ganze Haufen der Unseren zur Erde gestreckt hinfielen.«*

Der rasende König.

Die österreichische Artillerie hat unter den Preußen ein Blutbad angerichtet.
Was noch lebt, flieht. Wie ein Rasender sprengt FRITZ
durch die Trümmer seiner Bataillone, haut mit dem Krückstock um sich
und schreit die Fliehenden an. Vergeblich.
Er sammelt vierzig Mann um sich und führt sie unter klingendem Spiel
gegen eine feindliche Batterie. Umsonst;
die Leute fallen oder fliehen. FRITZ reitet weiter, bis ihn einer seiner Adjutanten
fragt: *»Sire, wollen Sie denn die Batterie allein erobern?«*

Rache der Sachsen.

Die Katastrophe der preußischen Armee ist jetzt allgemein. Auch die Kavallerie geht zugrunde. Nur die Normann-Dragoner und die Rochow-Kürassiere des Obersten von Seydlitz halten sich. Das Infanterieregiment des Prinzen Heinrich wird von sächsischen Dragonern niedergeritten, die erbarmungslos Rache für die erlittenen Demütigungen nehmen. Prittwitz berichtet darüber:
»Den armen Junkern, welche zum Teil noch Kinder waren, wurden die Fahnen aus den Händen gerissen; sie selbst aber entweder niedergehauen oder blessiert.«
Schließlich erscheint das preußische Erste Gardebataillon aus Potsdam auf dem Schlachtfeld. Wie auf dem Exerzierplatz deckt es den Rückzug.
Dreimal wird es von feindlicher Kavallerie eingeschlossen. Dreimal macht es sich mit geschlossenen Salven Luft. Bei diesem Kampf läßt das Bataillon 500 Offiziere, Unteroffiziere und Mannschaften an Toten und Verwundeten zurück.

Der zerstörte Nimbus.

König FRITZ hat bei Kolin die Hälfte seiner Armee verloren: ca. 15 000 Mann. Die Verluste der Österreicher betragen 10 000. Als die Offiziere seines Stabes am Abend des 18. Juni nach Nimburg kommen, finden sie FRITZ, allein, auf einer Brunnenröhre sitzend, den Blick starr auf den Boden geheftet, mit seinem Krückstock Figuren in den Sand malend. Kurz darauf ziehen die Reste seines Ersten Gardebataillons vorüber. *»Kinder«,* spricht er sie unter Tränen an, *»ihr habt heute einen schlimmen Tag gehabt.«* Die Grenadiere murren, sie seien schlecht geführt worden. *»Habt nur Geduld, ich werde alles wieder gutmachen«,* verspricht FRITZ. Aber er weiß, was der Tag von Kolin ihn gekostet hat: Der Nimbus der Unüberwindlichkeit, der siebzehn Jahre lang seinen Namen umgeben hatte, ist zerstört! Der moralische Eindruck auf Europa muß niederschmetternd sein, und alle seine Feinde jubeln.

Melancholie und Trotz.

König FRITZ muß die Belagerung von Prag aufheben und sich mit seinen Truppen aus Böhmen zurückziehen. Alle seine großartigen Pläne sind zuschanden geworden. Er hatte sich schon vor den Toren Wiens gesehen, den hochmütigen Habsburgern einen siegreichen Frieden diktierend. Statt dessen rücken von allen Seiten die Heere der Verbündeten gegen ihn heran. Zehn Tage nach Kolin ist seine geliebte Mutter in Berlin gestorben, und er hat sich klein und verlassen wie in seiner Kindheit gefühlt. Seine Illusionen sind alle verflogen, und in tiefer Melancholie dichtet er:

»Lebt wohl, ihr trügerischen Lorbeerkränze!
'S ist allzuteurer Kauf, wenn einer leben will
In der Geschichte Büchern.
Erträumte Größe, lebe wohl!
Dein flücht'ger Schimmer soll die Augen mir
Nicht weiter blenden.«

Er wird nun nur noch um die nackte Existenz seines Staates und seines Volkes kämpfen. Er wird lernen müssen, zähneknirschend das Unerträgliche zu ertragen. Und wenn ihm das gelingt, so wird er seinen Feinden furchtbar werden.

Das Volk kommt.

In der größten Not kommen jetzt dem König FRITZ seine Preußen zu Hilfe. Bisher bestand die Armee zu etwa sechzig Prozent aus angeworbenen Söldnern. Seit der Katastrophe von Kolin und dem verlustreichen Rückzug aus Böhmen besteht das preußische Heer fast nur noch aus Landeskindern. Brandenburgische und pommersche Landmilizen verstärken die kümmerlichen Reste des aktiven Heeres. Überall Abschied von Frauen und Kindern! Aus Westdeutschland – Kleve, Mark und Ravensberg – und vor allem aus der Mindener Gegend eilen Freiwillige zu den fritzischen Fahnen. Zehn Jahre später wird FRITZ ihrer mit den Worten gedenken: *»Während des letzten Krieges haben sich die Bauern freiwillig gemeldet, um Soldaten zu werden und für das Vaterland zu kämpfen. Was haben die alten Römer Schöneres getan?«* Das Volk, die Basis, eilt dem Preußenkönig zu Hilfe. Das ist das wahre *»Wunder des Hauses Brandenburg«*, über das man später so viel gerätselt hat! Für drei Jahre, bis zur Schlacht bei Torgau, hat FRITZ jetzt eine Art norddeutsche Nationalarmee an seiner Seite, und mit ihr zieht er nun nach Thüringen: den Franzosen und ihren westdeutschen Satellitentruppen entgegen, die es nach Berlin gelüstet.

Der preußische Reitergott.

Das ist der Generalmajor Friedrich Wilhelm von Seydlitz*, der Reiterheld des preußischen Volksheeres. *»Sein Hut, sein Kollet, seine Stiefel und Reithosen«*, berichtet ein Zeitgenosse, *»alles wurde nachgeahmt. So viel Beyfall, Bewunderung und Freundschaft erwarb er sich, er, der bey der Gabe, einnehmend anzureden, noch überdem wohlgestaltet war und mit Grazie daherritt«.*
Dieser Seydlitz kommandiert die preußische Kavallerie, die versteckt hinter einem Hügel hält. Als er seine brennende Tabakspfeife in die Luft schleudert, fallen seine Schwadronen bei Roßbach, am 5. November 1757, wie ein Ungewitter über Franzosen und Westdeutsche her.

**Kopf und Kostüm nach Porträt.*

Eine perfekte Sensation.

Die Schlacht bei Roßbach endet mit einem totalen Desaster für FRITZENS Feinde. Während die Preußen gut 500 Mann verlieren, sind es bei den Alliierten über 10 000. Die 38 Schwadronen des Generals von Seydlitz haben die westdeutschen Reichs-Truppen, die von nun an *»Reißaus-Truppen«* heißen werden, und die Franzosen einfach vom Schlachtfeld gefegt. Die Sensation ist unvorstellbar, denn Frankreichs Armee hat seit 120 Jahren als die beste Europas gegolten! Jetzt fliehen die Franzosen in wilder Panik vor den Preußen nach Westen, und ein Augenzeuge berichtet darüber: *»Nur wenige Soldaten wurden zu Gefangenen gemacht, aber desto mehr Kammerdiener, Lakeyen, Köche, Haarkräusler, Buhlerinnen, Feld-Pater und Schauspieler. Die Fuhrwerke vieler Feldherren fielen den Preußen in die Hände, worin man ganze Kisten von wohlriechenden Wassern und Duftsalben, desgleichen eine Menge Pudermäntel, Haarbeutel, Sonnenschirme, Schlafröcke und Papageien fand.«*

Partisanen im Einsatz.

An den Rückzugsstraßen der Franzosen rotten sich thüringische Bauern zusammen. Sie bilden Partisanenhaufen und fallen über die plündernde französische Soldateska her. Durch ganz Deutschland fliegt die Kunde von Roßbach. Das Volk auf den Gassen singt: *»Und kömmt der große Friederich und klopft nur auf die Hosen, so läuft die ganze Reichsarmee, Panduren und Franzosen.«* König FRITZ wird jetzt zum Held des deutschen Volkes, dessen Nationalbewußtsein sich zum ersten Mal seit der Katastrophe des Dreißigjährigen Krieges wieder emporrichtet.

Eine deutsche Kulturrevolution.

Die gebildeten und aufgeklärten Kreise Europas vergöttern nun FRITZ, den kleinen zähen Mann aus Berlin. Auf Londons Straßen reißt man sich sein Bild aus den Händen. Goethe bekennt: *»Wir waren alle fritzisch gesonnen.«* FRITZ hat mit seinem Sieg bei Roßbach eine große deutsche Kulturrevolution ausgelöst! Er hat die kulturelle Vorherrschaft Frankreichs gebrochen. Man beginnt nun wieder deutsch zu sprechen und deutsch zu dichten. Die Nation findet nach hundertjähriger Bewußtlosigkeit ihre Identität wieder.

Marschdisziplin und Gottvertrauen.

Während König FRITZ die Franzosen im Westen jagte, hatten die Österreicher im Südosten, in Schlesien, den Preußen schwere Verluste zugefügt. Erst war, am 13. November, die Festung Schweidnitz verlorengegangen, dann – am 25. November – hatte die schlesische Hauptstadt Breslau mit 4 000 Mann Besatzung kapituliert. Nun eilt der Preußenkönig mit seiner Armee in Gewaltmärschen nach Schlesien, um mit den Österreichern unter Prinz Karl von Lothringen abzurechnen. Seine Soldaten stimmen auf dem Marsch fromme protestantische Lieder an:

»Gib', daß ich tu' mit Fleiß, was mir zu tun gebühret,
Wozu mich Dein Befehl in meinem Stande führet.
Gib, daß ich's tue bald, zu der Zeit, da ich soll,
Und wenn ich's tu, so gib, daß es gerate wohl.«

Als ein Bataillonskommandeur den Gesang verbieten will, unterbricht ihn FRITZ: *»Nein, laß Er das: Mit solchen Leuten wird mir Gott den Sieg schenken.«*

Die persönliche Bedeckung.

Als der Preußenkönig unweit Breslau auf die Österreicher trifft und von einer Anhöhe aus ihre Schlachtordnung überblickt, erkennt er sehr schnell, daß er vor seinem schwersten Kampf steht. Er selbst hat 33 000 Mann und 160 Geschütze – dort drüben, beiderseits des Dorfes Leuthen, stehen 66 000 Österreicher mit 200 Kanonen. FRITZ winkt einen Rittmeister mit fünfzig Husaren zu sich heran: *»Er und seine Leute sollen mir zur Deckung dienen. Er verläßt mich nicht und gibt acht, daß ich nicht der Kanaille in die Hände falle. Falle ich, so bedeckt Er den Körper sogleich mit dem Mantel und läßt einen Wagen holen. Er legt den Körper in den Wagen und sagt niemand ein Wort. Die Schlacht geht weiter, und der Feind – der wird geschlagen.«*

Ehre und Treue.

Am Abend des 3. Dezember versammelt König FRITZ (dritter von links) seine Generäle um sich und erklärt ihnen, daß er *»gegen alle Regeln der Kunst«* den weit überlegenen Feind angreifen wird, wo er ihn findet. Er fährt fort: *»Ich muß diesen Schritt wagen, oder es ist alles verloren. Wir müssen den Feind schlagen, oder uns alle vor seinen Batterien begraben lassen. So denke ich, so werde ich handeln!«* Er bittet die Generäle, ins Lager zu gehen und vor den Regimentern seine Worte zu wiederholen. Dann: *»Wenn Sie übrigens bedenken, daß Sie Preußen sind, so werden Sie sich gewiß dieses Vorzugs nicht unwürdig machen. Ist aber einer oder*

der andere unter Ihnen, der sich fürchtet, alle Gefahren mit mir zu teilen, der kann noch heute seinen Abschied haben, ohne von mir den geringsten Vorwurf zu leiden.« Wie ein Lauffeuer verbreiten sich die Worte des Königs im Lager der preußischen Armee. Rauhbeinige Soldaten sieht man *»wie Kinder weinen«* und sich umarmen. Ein Augenzeuge berichtet: *»Die alten Krieger reichten sich wechselseitig die Hände, versprachen einander treulich beizustehen, und beschworen die jungen Leute, den Feind nicht zu scheuen, vielmehr seines Widerstandes ungeachtet ihm dreist unter die Augen zu treten.«* Als FRITZ nachts durch das stille Lager reitet und mit einem Musketier auf Wache spricht, sagt der zu ihm: *»Wir werden unseren Eid nicht brechen! Sondern Gott und dem König getreu sein. . .«*

Die schiefe Schlachtordnung.

**Der voranstürmende Möllendorff ist Porträt.*

Am 5. Dezember 1757, gegen 1 Uhr mittags, gehen die Preußen gegen die endlosen feindlichen Linien beim Dorf Leuthen vor. Der österreichische Feldherr, Prinz Karl, spottet über die *»Berliner Wachtparade«*, die da ankommt. Er hat nicht unrecht; ein preußischer Freikorporal, der in der ersten Angriffsstaffel ist, erinnert sich später: *»Unsere Armee avancirte mit klingendem Spiele en Parade. Die Ordnung war ebenso vortrefflich als bey irgend einer Revue zu Berlin.«* Keiner bemerkt indessen, was wirklich vorgeht: König FRITZ läßt seine Soldaten in *»schiefer Schlachtordnung«* angreifen! Das heißt, er wirft sein Gros auf den feindlichen linken Flügel, täuscht aber auch am anderen Ende der Front – mit schwachen Kräften – einen Angriff vor. Prinz Karl fällt darauf herein, stärkt den falschen Flügel, und nun stürmt das preußische Dritte Gardebataillon unter Hauptmann von Möllendorff* (rechts) in das Dorf Leuthen, wo sich das fränkische Regiment von Roth tapfer, aber vergeblich wehrt. Als Leuthen von den Preußen genommen ist, zerbricht die feindliche Front! Um 5 Uhr nachmittags befindet sich das österreichische Heer in voller Flucht, und FRITZ hat seinen größten Sieg errungen.

Überraschung am Abend.

König FRITZ* verfolgt die fliehenden Österreicher bis in die Dunkelheit, nur begleitet von drei Grenadierbataillonen und den Seydlitz-Kürassieren. Er erreicht das Schloß Lissa und beschließt, dort Quartier zu machen. Als er – nur von den Adjutanten eskortiert – durch das Portal tritt, muß er feststellen, daß das ganze Schloß von Hunderten österreichischer Offiziere belegt ist, die beim Anblick des Preußenkönigs vor Überraschung erstarren. FRITZ begrüßt sie freundlich und läßt sich in einen Salon geleiten. Keiner kommt auf die Idee, König FRITZ gefangenzunehmen, der mit seinen Feinden in bester Laune plaudert und ihnen höflich von seinem Schnupftabak anbietet.

Hier, wie überall für die Zeit des siebenjährigen Krieges, ist zur Darstellung Friedrichs besonders ein Bildnis des Königs aus jener Zeit, welches sich im königl. Schlosse zu Berlin befindet, benutzt worden. Friedrich trägt auf demselben einen dunkelblauen Rock mit besponnenen Knöpfen, ohne ein anderes Abzeichen als den Stern, schwarzsamtene Beinkleider und den Hut ohne Stickerei.

Das singende Heer.

Im Dunkel der Nacht sammelt sich das preußische Heer auf dem Schlachtfeld von Leuthen, das von Toten und Verwundeten bedeckt ist. Als bekannt wird, daß König FRITZ nur mit geringer Bedeckung weit voraus ist, nimmt die Armee ohne Kommando das Gewehr auf, um ihrem König zu folgen. Schweigend marschieren die Regimenter durch die Winternacht; Infanterie und Kavallerie gemischt. Jeder hängt stumm seinen Gedanken nach. Doch dann geschieht etwas Merkwürdiges! Ein Augenzeuge berichtet: *»Dieser Marsch geschah mit einer Stille, die nur das Bewußtseyn, diesen großen blutigen Tag überlebt zu haben, dem Nachdenken einflößen konnte. Plötzlich aber unterbrach sie ein Grenadier, indem er das bekannte Lied ›Nun danket alle Gott‹ anstimmte. Wie aus einem tiefen Schlaf erwacht, fühlte sich jeder zum Dank für seine Erhaltung hingerissen, und mehr als 25 000 Menschen sangen diesen Choral einstimmig bis zu Ende.«* Er lautet:

»Nun danket alle Gott,
mit Herzen, Mund und Händen,
Der große Dinge tut,
An uns und allen Enden.
Der uns von Mutterleib
Und Kindesbeinen an
Unzählig viel zu gut
Und noch jetzt hat getan.«

Bilanz eines Jahres.

Die Schlacht von Leuthen ist ein beispielloser Sieg. FRITZ hat 8000 Soldaten verloren; aber der Feind 22 000 Mann, 131 Geschütze und 51 Fahnen. Die Folge ist, daß die Österreicher auch bald mit 19 000 Mann in Breslau kapitulieren müssen. Von den ca. 85 000 Soldaten, mit denen Prinz Karl und Feldmarschall Daun in Schlesien eingedrungen waren, retten sich mühsam – auf Karren und Wagen, in Panik und Unordnung – 34 000 Österreicher nach Böhmen. Ganz Schlesien ist frei! So endet das Jahr 1757 für FRITZ, den König: Nach dem Triumph von Prag und der Katastrophe von Kolin hat er es geschafft, in drei Monaten die weit überlegenen französisch-westdeutschen und österreichischen Heere zurückzuschlagen, und sich in Mitteldeutschland siegreich behauptet.
Aber ein Friede ist nicht in Sicht, und im Osten erhebt sich drohend die größte Gefahr: Die Regimenter der Zarin Elisabeth werden im nächsten Jahr wohl auf dem Kampfplatz erscheinen.

Aussicht auf Frieden?

**Maria Theresia und Graf Kaunitz sind Porträt.*

Im Frühjahr 1758 bemüht sich der Preußenkönig um Friedensverhandlungen mit Kaiserin Maria Theresia. Er schickt den kriegsgefangenen Fürsten Lobkowitz nach Wien, mit einem Brief an seine *»teure Cousine«*. Er erinnert sie an die Schlacht von Leuthen, die ihm *»wegen des vielen Blutes, welches dabei vergossen ward, noch schrecklich«* in Erinnerung ist. Er versichert sie seiner persönlichen Verehrung und bittet sie, sich zu einem Vergleich zu bekehren. Dann fährt er fort: *»Ich schreibe dies aus dem Innersten meines Herzens, und ich wünsche, daß es den Eindruck machen möge, den ich verlange. Wollen Sie aber die Sache auf das Äußerste treiben, so werde ich alles versuchen, was mir meine Kräfte verstatten.«* Maria Theresia und ihr Staatskanzler Kaunitz* beantworten das Schreiben nicht, und Ende April fällt FRITZ mit 55 000 Mann in Mähren ein, wo er die Festung Olmütz einschließt und mit ihrer Belagerung beginnt.

Rückschlag bei Olmütz.

Die Belagerung von Olmütz zieht sich wochenlang hin. Die Preußen haben darin zuwenig Erfahrung, und FRITZ erteilt seinem leitenden Ingenieuroffizier, Oberst von Balbi, gänzlich fachunkundige Weisungen. Ende Juni gelingt es den Österreichern unter ihrem fähigsten Befehlshaber, General Laudon, in der Nähe von Domstadtl den preußischen Munitionsnachschub abzufangen. Es handelt sich um 4000 Wagen mit 8000 Mann Bedeckung, die hauptsächlich aus jungen brandenburgischen und pommerschen Rekruten besteht. Die Österreicher richten ein Massaker unter den jungen Leuten an, die sich verbissen zur Wehr setzen. 2400 Preußen bleiben auf dem Schlachtfeld, zwischen den zerfetzten, explodierenden Wagen. Dieser Verlust zwingt König FRITZ, die Belagerung von Olmütz aufzuheben und sich nach Schlesien zurückzuziehen. Der ganze Sommerfeldzug 1758 ist gescheitert! FRITZ wird in diesem Krieg nie wieder österreichischen Boden betreten. Und im Nordosten steht ein russisches Heer plötzlich vor der Oder: achtzig Kilometer vor Berlin.

Küstrin in Trümmern.

Wie der Blitz – in zehntägigen Gewaltmärschen – eilt FRITZ mit seinen Soldaten nach Nordosten, durchquert er die östliche Mark Brandenburg. Am 21. August steht er mit seiner Armee an der Oder, bei Küstrin. Husaren bringen ihm zwölf gefangene Kosaken, die er wütend mit seinem Krückstock bedroht: *»Mit solchem Gesindel muß ich mich herumschlagen!«* Dann besichtigt er die rauchenden Trümmer der Stadt Küstrin. Die überlebenden Einwohner schildern ihm die russischen Greuel. Bestürzt antwortet FRITZ: *»Kinder, ich habe nicht eher kommen können, sonst wäre das Unglück nicht geschehen.«* Er läßt den Bürgern 200 000 Taler auszahlen und überschreitet mit seiner Armee zwei Tage später die Oder, um die Russen zur Schlacht zu stellen.

»In feierlichem Marsche«.

FRITZ verbringt zwei Tage mit der Erkundung der russischen Stellungen. Er beobachtet sorgfältig das feindliche Heer, das unter General Fermor gut verschanzt hinter einer sumpfigen Niederung, unweit Zorndorf, steht. Die preußische Armee verbringt eine Nacht unter Waffen und bricht dann plötzlich, am 25. August 1758 um drei Uhr morgens, mit 36 000 Mann zum Kampf mit 66 000 Russen auf. An der Spitze: die sturmerprobten Grenadiere des Regiments von Forcade (siehe Bild). Ein Augenzeuge auf russischer Seite schildert den Anmarsch der fritzischen Armee: *»Majestätisch, schön, und dabei in stiller ruhiger Ordnung zogen die Preußen heran. Das entsetzliche Lärmen der preußischen Trommeln hörten wir schon von weitem; ihre Feldmusik konnten wir noch nicht unterscheiden. Aber in feierlichem Marsche kommen sie immer näher. Jetzt hören wir ihre Hautboisten, sie spielen ›Ich bin ja Herr in Deiner Macht!‹ Wer fühlen kann, wird es nicht unglaublich finden, daß in meinem nachherigen Leben diese Melodie stets die innigsten Regungen der Wehmut hervorgebracht hat.«*

Preußen gegen Russen.

Die Schlacht bei Zorndorf dauert den ganzen Tag, bis zum Einbruch der Dunkelheit. Zum ersten Mal stehen sich Preußen und Russen gegenüber, und König FRITZ lernt schnell, was es heißt, gegen Soldaten kämpfen zu müssen, die sich lieber erschlagen lassen als gefangen geben. Bei den Preußen ist es Generalleutnant von Seydlitz, der mit seinen Kürassierregimentern Garde du Corps, Gendarmes und Ansbach-Bayreuth immer wieder in die Massen der russischen Infanterie einhaut. Aber auch die Infanterieregimenter

von Forcade und von Below bewähren sich. Bei ihnen kämpft Leutnant von Hülsen, der als Augenzeuge berichtet: *»Ich traf jetzt auf eine Batterie von zwölf Kanonen. Die Russen flohen, was sie konnten. Nur ein einziger schöner Kerl hielt eine mit dem russischen Adler gestickte Fahne in der Hand und stand unbeweglich. Ich rief ihm ›Pardon!‹ zu, und da er mit dem Kopf schüttelte, hob ich meinen Säbel, um ihm einen gewaltigen Hieb zu versetzen, als er die Fahne stecken ließ, unter die Kanone kroch und dort massakriert wurde. Ich nahm jetzt die Fahne und rief: »Victoria, Bursche! Victoria! In Gottes Namen immer weiter. Es wird bald ein Ende haben!««*

Nach der Schlacht.

Die Verluste sind auf beiden Seiten gräßlich. Die Preußen haben 12 000, die Russen 18 000 Mann verloren. Überall irren am nächsten Tag Verwundete umher, und der Leutnant von Prittwitz berichtet: *»Sie kamen von allen Richtungen, teils auf Händen und Füßen gekrochen, teils mit Krücken unter den Armen, welches Musketen waren, deren Kolben sie unter die Schulter genommen hatten.«* König FRITZ hat sein Hauptquartier in Neudamm aufgeschlagen. Dort sieht ihn der Leutnant von Hülsen: *»Ich fand den König vor seinem Zelt stehend, vor welchem man die erbeuteten Fahnen aufgepflanzt hatte. Ein herrlicherer Anblick läßt sich nicht denken! Der König war mit dem General von Seydlitz. Auf seinem Gesicht war noch der Staub und Schweiß des vorigen Tages. Unweit des Königs Zelte wurde in einem anderen mit den gefangenen russischen Generälen traktiert, vermuthlich wegen der Greuel, welche deren Truppen angerichtet hatten. Denn ich hörte verschiedene Male das Wort ›Mordbrenner!‹ aussprechen, und wie heftig man disputierte.«*

In den Kasematten.

König FRITZ werden fünf gefangene russische Generäle vorgestellt. Er bedauert, daß er kein Sibirien für sie habe, und läßt sie in die Kasematten von Küstrin abführen und dort streng bewachen. Als sich die Generäle über die unstandesgemäße Behandlung beim preußischen Festungskommandanten beschweren, antwortet der ihnen: *»Meine Herren, Sie haben nicht mir, sondern der armen Stadt die Ehre angetan, sie zu beschießen, und sich selbst dadurch kein Haus übriggelassen. Sie müssen für jetzt so vorlieb nehmen!«*

Übermut des Königs.

FRITZ wendet sich nach dem Sieg über die Russen sofort gegen die Österreicher. Sie stehen mit einer riesigen Armee von 80 000 Mann unter dem Befehl des Feldmarschalls Daun in der Südostecke Sachsens. In der Nähe der Ortschaft Hochkirch, in Hügeln und Wäldern, bezieht der Preußenkönig mit 32 000 Soldaten eine sehr exponierte Stellung: nur 450 Meter von den feindlichen Linien entfernt! Sein Feldmarschall Lord Keith warnt ihn bei Besichtigung der Stellungen eindringlich: *»Wenn uns die Österreicher hier ruhig lassen, verdienen sie gehangen zu werden.«* Übermütig spottet FRITZ: *»Wir müssen hoffen, daß sie sich mehr vor uns als vor dem Galgen fürchten!«*

Überfall bei Hochkirch.

Es ist die Nacht vom 13. auf den 14. Oktober. Die Turmuhr von Hochkirch schlägt fünf, da fallen die Österreicher in geschlossenen Kolonnen über die schlafenden Preußen her. Ein Bericht lautet: *»Die Österreicher, gleichsam wie aus der Erde hervorgestiegen, mitten unter den Fahnen der Preußen, im Heiligthum ihres Lagers! Einige hundert wurden in ihren Zelten erwürgt, noch ehe sie die Augen öffnen konnten; andere liefen halb nackt zu ihren Waffen.«* Die Preußen wehren sich wie die Berserker, ohne das Unglück wenden zu können. Der Berichterstatter fährt fort: *»Viele alte Officiere dieses sieggewohnten Haufens hatten so hohe Begriffe von kriegerischer Ehre, daß sie durchaus der Übermacht nicht weichen wollten und unter das Schwerdt des Feindes fielen. Andere mußte man halb mit Gewalt vom Schlachtfeld schleppen, weil sie einen so unglücklichen Tag nicht zu überleben wünschten.«*

Ende des Feldzugs.

Das Debakel der preußischen Armee ist unvorstellbar. Gut 8 000 Mann gefallen, 101 Geschütze, 28 Fahnen, zwei Standarten und fast alle Zelte verloren. Auch die Österreicher haben fast 8 000 Mann Verluste, aber sie stehen König FRITZ nun siegestrunken mit dreifacher Übermacht gegenüber. Die erschöpften und deprimierten Preußen erholen sich aber erstaunlich schnell von dem Schock. König FRITZ verstärkt sich durch die Truppenkontingente seines Bruders, des Prinzen Heinrich, den er von der Westfront in Thüringen heranbeordert, und zieht nach Schlesien, wo er die Festung Neisse aus der österreichischen Umklammerung befreit. Inzwischen hält General von Schmettau die sächsische Hauptstadt Dresden gegen Feldmarschall Daun. Als FRITZ Ende November nach Sachsen zurückkehrt, ziehen die Österreicher sogleich ängstlich nach Böhmen ab. Es ist schier unglaublich; aber die Katastrophe von Hochkirch zeigt kaum Folgen! FRITZ hat seinen Kriegsstaat »Preußen/Sachsen« wiederum behaupten können.

»Der Freundschaft Band«.

Zweieinhalb Jahre steht König FRITZ jetzt, Ende 1758, mit seinen Preußen im Kampf gegen eine erdrückende Übermacht. Die Niederlage von Hochkirch hat er selbst verschuldet. In dieser schrecklichen Nacht ist seine Lieblingsschwester, Wilhelmine von Bayreuth, gestorben. Tagelang verschließt sich FRITZ vor der Welt und überläßt sich einer Flut von Tränen. Was bindet ihn noch an das Leben? Welche Hoffnung gibt es, diesem endlosen Gemetzel zu entkommen? Zum Tode seines Freundes, des Feldmarschalls Lord Keith, der bei Hochkirch gefallen ist, dichtet er in einer Bauernkate:

»Oft wähnt' ich Reich und Leben zu verlieren,
Doch niemals je vermochte das Geschick,
Das soviel Fürsten gegen mich vereint,
Zum Gegenstand des Mitleids mich zu machen.
Doch löset es der Freundschaft heilig Band,
Dann, teurer Lord, schlägt es mich grausam nieder:
Achill selbst war nicht gänzlich unverwundbar!«

Das vierte Kriegsjahr.

**Die Marquise von Pompadour nach gleichzeitigen Porträts. Vor ihr her die schottische Garde Ludwigs XV., wie ihr Kostüm in dem Werke »Le sacre de Louis XV., 1722« enthalten ist.*

Im Frühsommer 1759 beginnt FRITZ seinen vierten Feldzug gegen die feindliche Koalition. Seine Armee ist schon beträchtlich zusammengeschmolzen: Mit insgesamt 120 000 Mann kämpft er nach allen vier Himmelsrichtungen. Der Preußenkönig zerbricht beinahe unter der Last seiner Sorgen und Befürchtungen. An einen Freund schreibt er: *»Fast weiß ich nicht mehr, ob es ein Sanssouci in dieser Welt gibt; der Ort sei, wie er wolle, für mich ist dieser Name (»ohne Sorgen«) nicht mehr passend.«* Um ein Haar gelingt es den Engländern, die Franzosen zum Friedensschluß zu bewegen; denn der Staatshaushalt Frankreichs ist total zerrüttet, und die Massen hungern. Aber die Marquise von Pompadour*, die Geliebte des Königs (siehe Bild), spottet über die Not des Volkes und hält das Bündnis gegen König FRITZ eisern zusammen.

Die Russen kommen.

Ende Juli stehen die Russen vor Frankfurt an der Oder. Sie sind also wieder da! Und wie im vorigen Jahr, bei Küstrin, geht eine Welle der Zerstörung und Verwüstung, der Plünderungen und Vergewaltigungen mit ihren Truppen einher. Zuvor haben sie ein preußisches Armeekorps unter General Wedell geschlagen und sich mit 20000 Österreichern unter Laudon vereinigt. FRITZ, der mit seiner Hauptarmee Feldmarschall Daun gegenübersteht, sitzt wieder in der Klemme! Der 4-Fronten-Krieg nach Westen (Franzosen und Reichsarmee), Süden (Österreicher), Norden (Schweden) und Osten (Russen plus Österreicher) bringt ihn fast zur Verzweiflung. Sein Bruder, Prinz Heinrich, muß Daun beobachten, während er selbst kurzentschlossen auf der Stelle kehrtmacht, um nach Nordosten zu marschieren. Richtung: Frankfurt an der Oder; den Russen entgegen.

Schlacht bei Kunersdorf.

Am Mittag des 12. August 1759 stehen sich Preußen und Russen zum zweiten Mal gegenüber: bei Kunersdorf, unweit Frankfurt/Oder. König FRITZ läßt seine 50 000 Preußen in *»Treffen«* gestaffelt gegen 60 000 Russen und Österreicher vorrücken. Um 5 Uhr nachmittags ist ein Teil der russischen Stellungen durchbrochen, sind neunzig Geschütze erobert. Generalleutnant von Seydlitz (rechts vom König ohne Hut) rät dringend, die Schlacht abzubrechen, und macht darauf aufmerksam, daß der Feind noch immer über 160 Kanonen verfügt. FRITZ will aber kein *»Unentschieden«*. Man dürfe die Russen nicht nur besiegen, man müsse sie vernichten, erklärt er grimmig, weil sie sonst immer wiederkämen und ihre Verwüstungen fortsetzten. So befiehlt er gegen den Widerspruch seiner Generäle: Marsch!

Der Angriff scheitert.

Der preußischen Infanterie gelingt es tatsächlich, an einer abgelegenen Stelle den sumpfigen »Kuhgrund« zu überwinden. Doch als die Kavallerie anreitet, um den Erfolg auszunutzen, wird ihr Führer, General Seydlitz (zweiter von rechts), verwundet. Eine Kartätschenkugel trifft den Griff seines Degens und zerschmettert ihm die rechte Hand. In diesem Moment bricht die österreichische Reiterei unter Führung Laudons aus einer verdeckten Schlucht gegen Flanke und Rücken der Preußen vor. Der Schock ist furchtbar! Alles wendet sich zur Flucht. König FRITZ führt Resevebataillone persönlich zum Angriff vor; vergeblich. Die konzentrierte russische Artillerie richtet unter den Preußen ein Blutbad an. Verzweifelt ruft FRITZ: *»Gibt es denn keine verdammte Kugel für mich?!«*

Rettungstat eines Unteroffiziers.

**Veltens Kopf ist nach einem Miniaturporträt, das sich noch im Besitz seiner Familie befindet, genommen.*

Die preußische Armee ist am frühen Abend des 12. August wie vom Schlachtfeld gefegt; sie hat praktisch aufgehört zu existieren. Überall jagen Kosakenschwärme die letzten versprengten Preußen. König FRITZ steht, nur begleitet von einem Pagen, auf einem Sandhügel, hat den Degen vor sich in die Erde gestoßen und sieht mit düsterem Blick auf das Schlachtfeld. Husarenunteroffizier Velten* bemerkt den König und meldet es seinem Rittmeister, der zu FRITZ sprengt und dafür sorgt, daß der König im letzten Augenblick vor den heranjagenden Kosaken in Sicherheit gebracht wird.

Die letzten Reserven.

König FRITZ hat bei Kunersdorf die schwerste Niederlage seines Lebens erlitten. Er hat 18 000 Mann und 172 Geschütze verloren; 26 000 Soldaten sind versprengt. Gewiß, auch der Feind hat schwerste Verluste gehabt: 24 000 Mann. Aber FRITZ hat nur noch 6 000 Männer und fünfzig Kanonen um sich, während ihn die Gegner mit sechsfacher Übermacht bedrohen. Erstaunlicherweise wissen sie damit jedoch nichts anzufangen, lassen sie ihn im Herbst des Jahres 1759 völlig ungeschoren. Sie haben Angst vor ihm. Denn sein Name geht noch immer wie ein Schrecken vor ihm her. (Der russische Feldherr sagt über Kunersdorf: *»Wenn ich noch einen solchen Sieg erfechte, so werde ich mit einem Stab in der Hand allein die Nachricht nach Petersburg überbringen müssen.«)* Aber der Preußenkönig hat in drei Kriegsjahren etwa 75 Prozent seiner Offiziere verloren (von ursprünglich 5 600 etwa 4 200; davon 1 500 gefallen). Wie sollen diese Verluste ersetzt werden? In seiner Not macht er dreizehn- oder vierzehnjährige Kadetten zu Offizieren. Ein Augenzeuge berichtet über diese Junker: *»Ungeachtet ihrer edlen Geburt unter der Muskete erzogen, zu grober Kost gewöhnt und durch Wachen in Frost und Hitze abgehärtet, waren sie mit allen Theilen des Dienstes vertraut, und voll hoher Begriffe von kriegerischer Ehre.«* Als FRITZ eines Tages im Winterlager 1759/60 einen vierzehnjährigen Junker beim Versteckspielen beobachtet und ihn ironisch fragt, wie alt er sei, erteilt ihm dieser eine unvergeßliche Lektion: *»An Jahren, Sire, bin ich jung; aber mein Mut ist alt.«*

Eine pommersche Antwort.

Zu Beginn des Jahres 1760 hat König FRITZ sich von der Kunersdorfer Katastrophe mühsam erholt. 80 000 Mann hat er über den Winter mit Schwierigkeiten zusammengebracht. Seine Gegner stehen bereit, ihn mit 200 000 Soldaten von allen Seiten in die Zange zu nehmen. Sehr frühzeitig, im März, bricht General Laudon in Oberschlesien ein und attackiert mit seiner Kavallerie das pommersche Infanterieregiment von Manteuffel, das sich unter dem Kommando des Generals von Golz langsam vor der österreichischen Übermacht zurückzieht. Alle Angriffe scheitern an den sturen Pommern! Schließlich schickt Laudon einen Offizier, der den General von Golz zur Übergabe auffordert, da sein Regiment von allen Seiten eingeschlossen ist. Golz läßt den Österreicher (rechts im Bild) zu den Pommern sprechen, die ihm eine wenig höfliche Antwort geben und dann den Einkreisungsring im Bajonettangriff sprengen.

Laudon und Tauentzien.

General Laudon belagert Breslau, während König FRITZ mit seiner Hauptmacht in Sachsen weilt. Laudon hat 50 000 Mann bei sich; sein Gegner, der preußische Generalmajor Bogislav von Tauentzien*, kommandiert in Breslau nur 3000 Soldaten. Laudon läßt ihn zur Übergabe auffordern und beginnt nach der Ablehnung mit dem Bombardement der Stadt. Der königliche Palast geht in Flammen auf. Nun fordert General Laudon nochmals die Kapitulation und schließt mit der Drohung, *»es solle ansonsten das Kind im Mutterleibe nicht verschont werden«*. General Tauentzien läßt ihm antworten: *»Weder ich noch meine Soldaten fühlen sich schwanger!«* Breslau fällt nicht.

**Tauentzien inmitten der Offiziere der Leibgarde zu Breslau. Sein Kopf und sein Kostüm nach gleichzeitigen Quellen.*

Überfall auf Berlin.

Anfang Oktober stehen plötzlich die Alliierten vor Berlin: 20 000 Russen unter den Generälen Tottleben, Tschernyschew und Panin sowie 15 000 Österreicher und Sachsen unter General Lacy. Die preußische Garnison von 13 000 Mann zieht sich in die Festung Spandau zurück, und durch die Straßen der preußischen Hauptstadt reiten Kosaken und österreichische Dragoner.

Charlottenburg wird zerstört.

Während die russischen Truppen strengste Disziplin halten, wird das königliche Schloß zu Charlottenburg von Österreichern und Sachsen total verwüstet. Ein Bericht darüber lautet: *»Die kostbaren Zimmergeräthe wurden zertrümmert, die Spiegel und Porcellan-Gefäße in kleine Stücke zerschlagen, die Tapeten in Fetzen gerissen, die Gemälde mit Messern zerschnitten und die Fußböden, Seitenwände und Thüren mit Beilen zerhauen.«*

Ein geschickter Mann.

Die Russen zerstören in Berlin die königliche Kanonengießerei sowie Fabriken und Pulvermühlen. Die preußische Hauptstadt muß den Verbündeten eine Kontribution von 1 800 000 Talern zahlen. Das Schlimmste verhindert jedoch der wohlhabende Berliner Kaufmann Gotzkowsky*. Er versteht es, geschickt mit den Russen umzugehen, die ihn schätzen, weil er sich nach der Schlacht bei Zorndorf der gefangenen russischen Offiziere angenommen hat. So gelingt es ihm, das Lagerhaus und die königliche Gold- und Silbermanufaktur vor der Vernichtung zu bewahren. Nach drei Tagen, als die Nachricht eintrifft, daß der Preußenkönig heraneilt, ziehen die Alliierten schleunigst ab. Sie schleppen 5000 Gefangene mit sich; darunter die jüngsten Knaben des Berliner Kadettenkorps, die auf dem Marsch mit den Russen große Strapazen zu ertragen haben.

**Der Kaufmann Gotzkowsky vor dem feindlichen General. Ersterer ist Porträt.*

Inferno im Wald.

Am 3. November 1760 kommt es zur Abnutzungsschlacht bei Torgau. Feldmarschall Daun steht mit 54 000 Mann auf den Höhen von Süptitz und Grosswig, in einer uneinnehmbaren Stellung, deren Front er mit 275 Kanonen gespickt hat. FRITZ, der nur 48 000 Mann zur Verfügung hat, teilt seine Armee: Husarengeneral von Zieten wird von Süden, er selbst von Norden angreifen. Sein Umgehungsmarsch dauert aber zu lange. Als FRITZ Kanonendonner von Süden hört, ruft er seinen Generalen zu: *»Mein Gott! Zieten greift schon an und wir sind noch anderthalb Meilen entfernt! Wie kann das enden, da meine Infanterie noch gar nicht da ist?!«* Überhastet läßt er die Regimenter des Generalleutnants von Bülow bei strömendem Regen durch einen Wald vorgehen. Daun hat jedoch das Umgehungsmanöver erkannt, und seine Artillerie donnert in den Torgauer Wald. Leutnant von Prittwitz, bei den angreifenden Bataillonen, berichtet: *»Noch ehe die Preußen den Feind ins Auge fassen konnten, fielen die Wipfel der Bäume von den Kugeln zerschmettert auf ihre Häupter. Der Donner der Kanonen widerhallte gräßlich durch den Wald. Die krachenden, alles betäubenden Schüsse waren gleichsam Posaunen des Todes.«*

Blutbad der Grenadiere.

Zuvor schon sind zehn Grenadierbataillone, die Vorhut der fritzischen Armee, aus dem Wald herausgetreten und mit klingendem Spiel, Fahnen, Offiziere und Tambours vorneweg, gegen die feuerspeienden Höhen marschiert. Nach einer halben Stunde liegt die Hälfte von ihnen am Boden. Die nächste Welle greift an, und mit ihr stürmt der fünfzehnjährige Fähnrich von Archenholtz: *»Die Kartätschen wüteten schrecklich unter den Preußen. Ganze Rotten wurden weggerafft. Man rückte immer zusammen, um die Lücken auszufüllen. Alte Offiziere stürzten zu Boden, junge traten an ihre Stelle, flößten den Veteranen durch ihr Beispiel Mut ein. Und so ging es immer vorwärts: Anhöhen wurden erstiegen und Batterien erobert.«* Es nützt alles nichts! Drei Angriffe der Preußen brechen blutig zusammen. Als die Nacht hereinbricht, fertigt Feldmarschall Daun Siegesdepeschen an seine Kaiserin in Wien ab.

»Vater Zieten« kommt.

Der alte Zieten hat inzwischen mit seinem Teil der Armee im Süden nicht viel unternommen. Unbewegt hält er inmitten des feindlichen Geschützfeuers. Als eine Kanonenkugel einem Kürassier den Kopf abreißt, ruft er seinen Soldaten zu: *»Kinder. der hat einen sanften Tod.«* Jetzt, bei Einbruch der Nacht, greift er plötzlich an! Eine Brigade unter Generalmajor von Saldern bricht tief in die feindlichen Stellungen ein. Auf der anderen Seite der Front, im Norden, erkennt König FRITZ am Gefechtslärm und an den Mündungsblitzen der Geschütze, daß Zieten kommt. Die Trümmer seiner Armee formieren sich zum nächtlichen Angriff! Den Angriff führt Generalleutnant von Hülsen. Er hat während der Schlacht alle Pferde verloren, ist verwundet und kann nicht mehr laufen. So läßt er sich auf eine Kanone setzen und fährt so mit seinen Soldaten zum Sturm. Die Höhen werden erklommen und die Österreicher im nächtlichen Nahkampf aus den Stellungen geworfen.

Teuer erkaufter Sieg.

Erst allmählich, im Laufe der Nacht, wird klar, daß FRITZ und Zieten einen großen Sieg errungen haben. Der Regen hat aufgehört, aber die Überlebenden erstarren fast vor Kälte. Augenzeuge Archenholtz schildert das so:
»Nach völlig geendeten Gefechten befanden sich die Truppen beider Heere vermischt untereinander. Man sah zahllose Feuer im Torgauer Walde, bey denen sich Preußen und Österreicher gemeinschaftlich wärmten, und zwar nicht Sieger und Gefangene, sondern beide Theile bewaffnet und frey. Das große Bedürfnis nach Wärme hatte sie zufällig vereinigt und blutgierige Krieger in gelassene Menschen verwandelt, die unter sich einen Waffen-Stillstand auf einige Stunden gemacht, um ruhig den Tag und das fernere Kriegsglück zu erwarten.«
Beide Seiten haben etwa je 16 000 Mann verloren; die Preußen haben 49 Geschütze, 27 Fahnen und zwanzig Pontons erobert.

Keiner gibt nach.

Kaiserin Maria Theresia mustert gemeinsam mit ihrem zwanzigjährigen Sohn und Thronerben, dem späteren Kaiser Joseph II. (rechts von ihr), österreichische Truppen auf dem Marsch zur Front. Sie feuert die Soldaten, die sie *»Mutter«* rufen, zu neuem Kampf an und nennt sie *»meine Kinder«*. Die stolze Habsburgerin ist auch Anfang 1761, zu Beginn des sechsten Kriegsjahres, noch voller Streitlust und fest entschlossen, dem *»bösen Mann aus Berlin«* die Provinz Schlesien zu entreißen und den preußischen Großmachtstatus zu vernichten. König FRITZ hat dem nicht mehr viel entgegenzusetzen. Seine großartige norddeutsche Nationalarmee aus preußischen *»Landeskindern«* hat sich in den letzten drei Jahren, von Leuthen bis Torgau, fast verblutet. Dennoch bringt er noch einmal 100 000 Mann auf die Beine, wovon allerdings ein Viertel aus sogenannten Freibataillonen besteht: ein buntgemischtes *»Lumpengesindel«* von angeworbenen Abenteurern und Desperados aus aller Herren Länder.

Anspannung aller Kräfte.

Inzwischen ist der Kampf der Preußen gegen die erdrückende Übermacht zu einer Art »*Volkskrieg*« geworden. In Pommern führen die Bauern schon lange einen sehr erfolgreichen Guerillakampf gegen die Schweden und halten sie – unterstützt von ein paar Husarenregimentern – völlig in Schach. Der Offiziersersatz rekrutiert sich immer stärker aus dem Bürgertum der kleinen märkischen und pommerschen Städte. Auf den Gütern der Mark Brandenburg unterweisen ausgediente Offiziere die kleinen Buben im Gebrauch von Säbel und Partisane. FRITZ läßt die Kantone (Ergänzungsbezirke) noch stärker nach Ersatz durchkämmen, und die jungen Bauernrekruten zeigen zum Erstaunen der Offiziere ein hohes Maß an »*Hingebung und Patriotismus*«; also an Bewußtsein. Den Rest besorgt der berühmte preußische Drill, und der sieht so aus: »*Man ließ sie kaum zu Atem kommen. Hier galt keine Kälte, kein Schnee, keine Dunkelheit, kein Sonn- und Festtag. Unablässig wurden sie zu Fuß und Pferde durch Übungen zugestutzt, auf Marktplätzen, auf Feldern, in Ställen und Scheunen.*«

Lager bei Bunzelwitz.

Im neuen Feldzug versucht König FRITZ alles, um die Vereinigung der österreichischen und russischen Heere in Schlesien zu verhindern. Seine Hauptarmee umfaßt nur 45 000 Mann, während der Feind mit 135 000 Soldaten auftritt. Die Feldherrnkunst des österreichischen Generals Laudon bringt die Vereinigung aber schließlich doch zustande, und jetzt kann FRITZ eigentlich nur noch kapitulieren. Da schlägt er bei Bunzelwitz ein befestigtes Lager auf! Drei Tage lang schuftet seine Armee bei Tag und Nacht, sich in Schichten ablösend: die einen *»buddeln«* und die anderen schieben Wache. Am 20. August stehen die Feinde nicht nur einem befestigten Lager, sondern einer regelrechten Festung gegenüber, die aus dem Boden gestampft wurde und die förmlich uneinnehmbar ist. FRITZ richtet sich nun auf einen Ermattungskrieg ein. Er läßt seinen Schweizer Vorleser de Catt kommen, erzählt ihm von seiner schweren Jugend und den schönen Tagen in Rheinsberg, deklamiert Gedichte, spielt auf der Flöte und zeigt ihm, wie man sich heiter und graziös beim Menuett-Tanzen bewegt. Aber immer wieder berichtet er, daß ihm nachts im Traum der Vater, der Soldatenkönig, erschienen sei, und daß er, FRITZ, sich schweißgebadet im Bett aufgerichtet und ihn gefragt habe:
»Habe ich es recht gemacht?«

Zietens hoher Alliierter.

Wochenlang trotzt FRITZ dem dreifach überlegenen Gegner, der das Lager einschließt, aber sich nicht zum Angriff entschließen kann. Die feindlichen Armeen leiden unter der sengenden Augusthitze; ihr Nachschub, ihre Versorgung wird immer problematischer. Aber auch die preußische Armee macht eine schwere innere Krise durch. Als einziger bewahrt *»Vater«* Zieten seinen Mut. Der kleine häßliche Mann, mit Husarenzöpfchen und goldenen Ohrringen, den seine Soldaten abgöttisch lieben und der auch zu Hause in der Mark Brandenburg ein äußerst sozial gesinnter Gutsherr ist, hat sich einen tiefen protestantischen Glauben bewahrt. FRITZ, voller Pessimismus, fragt ihn eines Abends ironisch, warum er so guter Laune sei: ob er einen neuen Alliierten parat habe? Zieten (rechts): *»Nein, nur den alten da oben«*, er zeigt zum Himmel, *»und der verläßt uns nicht!«* – Im September zieht Feldmarschall Burtulin mit 75 000 Russen nach Polen ab. FRITZ atmet auf.

Machtwechsel in London.

**Lord Bute, zur Seite William Pitt. Beider Köpfe und Kostüme nach gleichzeitigen englischen Medaillen und Bildnissen.*

Das Jahr 1761 endet dennoch schlecht: mit einem schweren politischen Rückschlag für den Preußenkönig. Seit 1758 hatte er namhafte Subsidien (Hilfsgelder) von England erhalten. Jetzt tritt in London ein Wechsel der Politik ein: Der bisherige Premier, William Pitt* (links), tritt in den Hintergrund und muß Lord Bute* (rechts vorne) Platz machen, zu dessen ersten Handlungen es gehört, den Subsidienvertrag zwischen England und Preußen zu zerreißen. Bute übt auch sofort Druck auf Berlin aus, den Österreichern Zugeständnisse in puncto Schlesien zu machen. FRITZ antwortet: *»Sie mögen wissen, daß ich mich niemals gegen den Frieden versteifen werde. Aber ich will ihn auf eine Weise abschließen, die meiner Würde entspricht und die keine Erniedrigung kennt.«*

Umschwung in Rußland.

Am 5. Januar 1762 stirbt Zarin Elisabeth von Rußland, die Todfeindin des Preußenkönigs. Ihr Neffe besteigt als Peter III. (siehe Bild) den russischen Thron. Der neue Herrscher ist ein Preußen-Fan, ein glühender Bewunderer von König FRITZ. Und sofort kommt es zu einem Waffenstillstand, dem bereits am 5. Mai 1762 der Friedensschluß folgt. Die russischen Truppen erhalten den Befehl, Pommern, die Neumark und Ostpreußen zu räumen. Schweden folgt dem Beispiel der Russen und schließt am 22. Mai Frieden. Ja, im Juni stellt der neue Zar dem Preußenkönig sogar ein Hilfskorps von 20 000 Mann zur Verfügung. Die Kriegslage ist völlig verändert: FRITZ steht in Schlesien den 80 000 Österreichern unter Feldmarschall Daun mit gleichen Kräften gegenüber.

Sieg bei Burkersdorf.

Gerade in dem Augenblick, in dem FRITZ mit Hilfe der 20 000 Russen die Österreicher in ihren starken Gebirgsstellungen um die schlesische Festung Schweidnitz anpacken will, trifft die Hiobsbotschaft aus Petersburg ein, daß Zar Peter III. ermordet wurde und daß seine Frau, die Zarin Katharina II., ihre Truppen nach Hause zurückberuft. König FRITZ zögert keinen Augenblick: Er überredet den russischen Befehlshaber, mit seinen Truppen noch drei Tage zum Schein stehenzubleiben, und greift mit seinen Soldaten am 21. Juli die österreichischen Gebirgsstellungen bei Burkersdorf an. Die Preußen stürmen den Paß! Die Österreicher können sich in Südschlesien nicht mehr halten.

Sieg bei Freiberg.

Die Mark Brandenburg, Pommern, Ostpreußen und – seit Burkersdorf – Schlesien sind frei. König FRITZ ist wieder Herr auf seinem Territorium. Nur in Sachsen stehen noch Österreicher und Reichstruppen. Auf sie stürzt sich Prinz Heinrich, ein Bruder von FRITZ, und liefert bei Freiberg, am 29. Oktober 1762, die letzte Schlacht des Krieges. Noch einmal attackiert die preußische Kavallerie* unter der Führung ihres *»Reitergottes«*, Seydlitz, den Feind! Österreicher und Reichstruppen ziehen sich nach der Niederlage in ihre Winterquartiere zurück. Nach sechseinhalb Jahren schweigen endlich die Waffen.

**Die entscheidende Attacke der preußischen Kürassiere auf die Infanterie der Verbündeten bei Freiberg. Bei ersteren ist zu bemerken, daß die preuß. Kavallerie erst 1762 Federbüsche erhielt, welches später überall nachgeahmt wurde.*

Heimkehr nach Berlin.

Am 30. März 1763, spät abends, trifft König FRITZ nach sechsjähriger Abwesenheit in seiner Hauptstadt Berlin ein. (Er hat die Stadt seit dem 12. Januar 1757 nicht mehr gesehen.) Er kehrt unbesiegt zurück. Denn am 15. Februar haben Österreich, Preußen und Sachsen – die letzten Staaten, die noch Krieg führten – im sächsischen Schloß Hubertusburg Frieden miteinander geschlossen. Einen Erschöpfungsfrieden auf dem *»status quo ante«;* einen Frieden also, bei dem alle Grenzen, alle Machtverhältnisse so bleiben wie

im Jahre 1756, vor Kriegsausbruch. Mit einem Wort: FRITZ und Preußen haben sich gegen ganz Europa behauptet! Die Stadt Berlin hat einen prächtigen Empfang und glänzenden Fackelzug am Frankfurter Tor vorbereitet. Die Berliner sind tief bewegt. (Ganz links im Bild sieht man den berühmten Philosophen der Aufklärung Moses Mendelssohn.) FRITZ, der Berlin in einer Kutsche in Begleitung des Prinzen Ferdinand von Braunschweig und des Generals Lentulus erreicht, entzieht sich allen Freudenkundgebungen. Ernst und still begibt er sich in das königliche Schloß. Bereits am 6. März hat er an seine alte Oberhofmeisterin, Frau von Camas, geschrieben: *»Ach, meine gute Mama, wie fürchte ich mich vor Berlin, und vor den Lücken, die ich dort finden werde!«*

Bilanz eines Krieges.

Der Krieg, der fast sieben Jahre dauerte, hat mehr als einer halben Million Menschen das Leben gekostet. Die Preußen haben gut 175 000 Tote zu beklagen; die Gegner das Doppelte. 14 000 Häuser sind im Königreich Preußen zerstört worden. 60 000 Pferde wurden getötet. Der Titanenkampf hat König FRITZ 140 Millionen Taler gekostet. Er selbst hat sich in diesen sieben Jahren völlig verändert; es gibt keinen strahlenden *»Märchenprinzen«* mehr. Sein Weg als Herrscher hat ihn über Hekatomben von Toten und Verwundeten geführt. Einmal hat er einen schwerverwundeten, stöhnenden Fähnrich auf dem Schlachtfeld angeherrscht: *»Junker, sterb' er gefälligst anständig!«* Dann, beim Weiterreiten, hat ihn ein Weinkrampf befallen.

Lobgesang zu Gott.

Bald nach seiner Ankunft in Berlin begibt sich FRITZ nach Charlottenburg, in das Schloß, in dem er 1740 die ersten Wochen als strahlender junger König, als bewunderter Reformfürst verbrachte. Er hat Musiker und Sänger bestellt, die in der Schloßkapelle ein Tedeum seines alten Konzertmeisters Johann Gottlieb Graun aufführen sollen. Alles erwartet den königlichen Hofstaat zur Sieg- und Friedensfeier. Aber FRITZ, der König, betritt ganz allein die Kapelle! Er setzt sich und gibt das Zeichen zum Beginn. Als der Chor den Lobgesang zur Ehre Gottes anstimmt, stützt er weinend das Gesicht in die Hände.

A. Menzel
78.

Der Alte Fritz.

So sieht FRITZ, der König, nun aus; mit 51 Jahren. Er ist im Feuer der Schlachten zum alten Mann geworden. Bereits Anfang 1759 hatte er aus dem Felde geschrieben: *»Sähen Sie mich, Sie würden keine Spur mehr von dem, was ich ehemals war, erkennen. Sie würden einen alten Mann finden, dessen Haare grau werden, der die Hälfte seiner Zähne verloren hat, ohne frohen Sinn, ohne Feuer, ohne Lebhaftigkeit.«* Ein Jahr später hatte er hinzugefügt: *»Der umherirrende Jude, wenn er jemals existiert hat, kann kein so irrendes Leben geführt haben wie ich.«* Aber FRITZ ist der populärste Mann Europas, er ist zur weltweiten Legende geworden. Jedes Kind kennt das Bild des kleinen unüberwindlichen Mannes aus Berlin mit dem tressengeschmückten Dreispitz. So steht er vor uns: in etwas gebückter Haltung, auf den Krückstock gestützt, mit großen, hellwachen blauen (Basedow-) Augen, in abgetragener dunkelblauer Uniform mit roten Aufschlägen und breiten Rockschößen, hinten auf dem Rücken den langen Zopf, vorn die Weste beschmutzt mit Schnupftabak, in kurzen schwarzen Samthosen mit langen schlottrigen Stiefeln bis über die Knie, an der Seite den Degen. Er ist nun der ALTE FRITZ. Und er wird jetzt unverzüglich an die Arbeit gehen. An die Arbeit für seinen Staat, dessen Einheit und Unabhängigkeit er mit Zähnen und Klauen verteidigt hat: Preußen.

Ankurbelung der Wirtschaft.

Während des siebenjährigen Krieges hatte der Preußenkönig geschrieben: *»Es ist nicht nötig, daß ich lebe. Wohl aber, daß ich meine Pflicht tue.«* Dieses Wort macht König FRITZ nun wahr, und seine vornehmste Pflicht sieht er im *»Rétablissement«*, im friedlichen Wiederaufbau seines Staates. Sogleich nach Friedensschluß entläßt er 40 000 Landesbewohner aus seiner Armee, die nun in ihre Heimatdörfer eilen und wieder die Pflugschar in die Hand nehmen. Pflügen und Ackern kann man damals aber nur mit Pferden (es gibt noch keine Landmaschinen). Also stellt der König seinen Bauern kostenlos 35 000 Armeepferde zur Verfügung. Da es den Gemeinden an Geld zur Ankurbelung des Wirtschaftslebens fehlt, überweist FRITZ den vom Krieg am stärksten betroffenen Gegenden mehr als sechs Millionen Taler zur Tilgung der empfindlichsten Kriegsschäden.

Neubauten und Kartoffeln.

Am schlimmsten hat der Krieg Pommern, Schlesien und die Neumark betroffen. Hier haben die Russen gehaust. Knapp dreieinhalb Jahre nach Friedensschluß, 1766, sind in diesen drei Provinzen 14 500 neue Häuser errichtet! In Oberschlesien wachsen 213 neue Dörfer aus dem Boden, in Niederschlesien werden 13 000 neue Familien angesiedelt. Rastlos treibt der König seine Beamten und Bewohner an. Entweder überzeugt er sich selbst auf Inspektionsreisen vom Fortschritt des Wiederaufbaues, oder er schickt seine königlichen Steuerräte in die Dörfer und Städte, um nach dem Rechten zu sehen. Bereits 1748 hat FRITZ spanische Böcke eingeführt, um die inländische Schafszucht und damit die preußische Wollindustrie zu verbessern. Den siebenjährigen Krieg hätte seine Armee niemals überstanden (sie wäre Hungers gestorben), wenn er nicht schon 1744 damit begonnen hätte, in großem Maßstab den Kartoffelanbau in Preußen zu fördern. Jetzt verstärkt er alle diese Tätigkeiten, und acht Jahre später (1771/72), als in Deutschland infolge von Mißernten eine furchtbare Hungersnot ausbricht, überstehen die Menschen die Katastrophe nur mit Hilfe umfangreicher Kartoffellieferungen aus Preußen.

Kanalbau und Vollbeschäftigung.

Neben Ackerbau und Viehzucht gilt es auch den Handel wiederanzukurbeln. Bereits 1765, zwei Jahre nach Kriegsende, gründet König FRITZ die Bank in Berlin und 1772 eine »Seehandlungssocietät«, deren wichtigster Zweck es ist, den Schiffsneubau zu kreditieren und damit die Küstenschiffahrt auf der Ostsee zu beleben. Das Hauptproblem für den Preußenkönig ist aber, innerhalb seines weitverzweigten und verstreuten Landbesitzes durchgehende Schiffahrtsstraßen zu schaffen, um dem künstlichen Staat eine ökonomische Infrastruktur zu geben. Bereits in den vierziger Jahren hatte er durch die Anlage des Plauenschen und des Finowkanals dafür gesorgt, daß Schlesien mit der Nordsee und die Elbe mit der Ostsee verbunden wurden. Jetzt inspiziert er persönlich den weiteren Ausbau der Kanäle, läßt überall Sümpfe und Moräste trockenlegen (so von 1772 bis 1783 den Netze-Warthe-Bruch und das Havelländische Luch) und Dammbauten gegen die Fluten aufführen. Schließlich befiehlt er, den Hafen von Swinemünde auszubaggern, wodurch das anliegende Stettin, die Hauptstadt Pommerns, zu einem bedeutenden Handelsplatz an der Ostsee aufsteigt und zum großen Ein- und Ausfuhrhafen Berlins wird. Alles das setzt Hunderttausende von Händen in Tätigkeit.

Hammer und Meißel.

König FRITZ wagt nicht, die Bauern völlig aus ihrer drückenden Abhängigkeit vom Adel zu befreien. Er fürchtet den Zusammenbruch des historisch gewachsenen Gesellschaftssystems. So gelingt es ihm auch nur zum Teil (hauptsächlich auf den königlichen Domänen), die bäuerliche Bevölkerung für moderne Landwirtschaftsmethoden zu interessieren. Dennoch reißt er die preußischen Provinzen wiederum – wie schon in den vierziger Jahren – aus ihrem ländlich-agrarischen Schlaf und erzieht sie zu Selbsttätigkeit und Initiative, indem er mit allen Mitteln die Ansiedlung fremder Kolonisten fördert, die Schwung in die Wirtschaft bringen. Überall im Land hört man Hammer und Meißel klingen! Rund tausend Kolonistendörfer und fast 60 000 Siedlerstellen werden neu gegründet. Auf diese Weise können insgesamt 360 000 Einwanderer aus aller Herren Länder angesiedelt werden.
Der ALTE FRITZ wird in den 23 Jahren von 1763 bis 1786 Preußen ökonomisch und kulturell so umkrempeln, daß die Ostdeutschen hundert Jahre Rückstand gegenüber dem Westen des Reiches aufholen und bereits Mitte des neunzehnten Jahrhunderts an der Spitze des Fortschritts marschieren werden.

»Aufklärung ist Erziehung«.

Der Preußenkönig sorgt nicht nur dafür, daß neue Dörfer und Siedlungen entstehen. Der Fortschritt: das ist für ihn nicht nur eine ökonomische, sondern auch eine kulturelle Frage. *»Aufklärung ist Erziehung!«* verkündet FRITZ und läßt von 1763 bis 1769, in den ersten sechs Friedensjahren, allein in der Provinz Schlesien 750 neue Schulen errichten; 500 katholische und 250 evangelische. Das macht im Jahresdurchschnitt 125 Schulen in einer einzigen Provinz! Doch woher die Lehrer nehmen? Meist müssen Kriegsinvaliden, ausgediente Unteroffiziere, die auf Holzkrücken nach Hause kommen (siehe Bild), oder die Schneidermeister in den Dörfern einspringen. Doch FRITZ macht auch damit bald Schluß: Mitte der sechziger Jahre werden alle Lehrer finanziell so gestellt, daß sie keinen Nebenberuf mehr nötig haben. Lehrer darf nur werden, wer zuvor ein Examen besteht. Im ganzen Lande werden immer mehr Lehrerseminare gegründet. Jedes Jahr finden strenge Schulinspektionen in sämtlichen Provinzen statt. König FRITZ schreibt am 17. September 1772: *»Die Sorge für die Erziehung ist ein wichtiger Gegenstand, den die Fürsten nicht vernachlässigen sollten und den ich bis auf die Dörfer ausdehne. Er ist das Steckenpferd meines Alters.«*

Die allgemeine Schulpflicht.

In der ersten Hälfte des achtzehnten Jahrhunderts waren neunzig Prozent aller Menschen noch Analphabeten; konnten nicht lesen, rechnen, schreiben. FRITZENS Vater, der Soldatenkönig, hatte 1717 als erster Monarch Europas den Grundsatz der Allgemeinen Schulpflicht verkündet. Eine kulturrevolutionäre Tat! Zuerst gab es nur zwei Tage Unterricht pro Woche, weil die Bauern ihre Kinder im Hof und auf den Feldern als Arbeitskräfte einsetzten. Unter König FRITZ wird schon fünfmal in der Woche unterrichtet; nur der Sonntag und der Mittwoch sind frei. Eine Anekdote berichtet, daß die Berliner Straßenjungen den König gern auf seinen Ritten durch die Stadt begleiten, ihn hochleben lassen, seine schmutzigen Stiefel abwischen oder Schabernack mit ihm treiben. Als es ihm einmal zuviel wird und er ihnen zuruft, sie sollten besser in die Schule gehen, wollen sie sich ausschütten vor Lachen:

»Der ALTE FRITZ will König sein
und weiß noch nicht zu dieser Frist,
daß mittwochs keine Schule ist!«

»Kaffeeriecher« am Werk.

In den Friedensjahren verdreifacht König FRITZ die Staatseinkünfte: von 8 auf 24 Millionen Taler. Aber das reicht ihm nicht! Er will noch zwei Millionen Taler mehr pro Jahr haben. So führt er 1766 nach französischem Vorbild die *»Regie«* ein, das heißt, er entzieht etwa 500 verschiedene Produkte, vor allem Kaffee und Tabak, dem freien Handel und läßt sie stark verteuert über ein staatliches Steuermonopol verkaufen. Damit die Sache auch von der Organisation her klappt, läßt er 3 000 Franzosen ins Land kommen, die er überall als *»Regiebeamte«* einsetzt. Das gibt böses Blut! Der Schmuggel mit Kaffee und Tabak steigt sprungartig, und überall brennt man heimlich Kaffee. Die französischen Regiebeamten durchsuchen Haus und Keller nach Schwarzbrennerei (siehe Bild), das Volk nennt sie höhnisch *»die Kaffeeriecher«*, und im ganzen Land geht der Haß gegen die fremdländischen Inspektoren und Visitatoren, Kontrolleure und Plombeure um.

Des Volkes Stimme.

König FRITZ hat sich gründlich verrechnet: Das französische *»Regie«*-Unwesen bringt ihm statt zwei nur eine Million Taler Staatsgewinn pro Jahr ein (denn die Regiebeamten bereichern sich vor allem selber), und außerdem kostet es ihn, besonders bei den Berlinern, seine Popularität! Als er eines Tages die Jägerstraße hinabreitet, sieht er einen großen Volksauflauf, der sich pfeifend und johlend um eine Karikatur drängt. Darauf sieht man ihn, den König, in lächerlichster Gestalt, mit einer Kaffeemühle im Schoß. FRITZ winkt mit der Hand und ruft: *»Niedriger hängen, damit die Leute sich nicht den Hals ausrenken müssen!«* Ein allgemeiner Jubel begleitet ihn, als er weiterreitet, und die Karikatur wird heruntergerissen. Schließlich, 1784, distanziert sich der ALTE FRITZ selbst von der *»Regie«* und seinen geliebten Franzosen, als er dem Minister von Werder schreibt: *». . . daß es lauter solch' Schurkenzeug ist, die Franzosen. Das kann man wegjagen, wenn man will.«* Und als er stirbt, 1786, sind von 3 000 französischen Regiebeamten nur noch etwa 150 im Land.

Ende einer Feindschaft.

Seit 1765 ist der älteste Sohn Maria Theresias, der 24jährige Joseph, ihr Mitregent. (Er wird als Joseph II., als *»deutscher Kaiser«* und als einer der kühnsten Reformer in die Geschichte eingehen.) Joseph vergöttert König FRITZ. Er sieht in ihm den aufgeklärtesten und fortschrittlichsten Fürsten des achtzehnten Jahrhunderts. Er brennt darauf, das rückständige Österreich nach dem Vorbild des friderizianischen Preußen umzugestalten. Am 25. August 1769 treffen sich die beiden Herrscher in Schlesien, in Neisse, um die Feindschaft der beiden deutschen Staaten für immer zu beendigen. Sie umarmen sich, und FRITZ führt seinen begeisterten Verehrer an der Hand in den Speisesaal des bischöflichen Schlosses zu Neisse.

Bündnis mit Österreich?

Ein Jahr später, am 3. September 1770, treffen sich die beiden Freunde in Neustadt, in Mähren. Links im Vordergrund Fürst Kaunitz und Joseph II.; hinten am Fenster König FRITZ zwischen dem Prinzen de Ligne (rechts) und dem General Laudon (links)*. FRITZ zeigt sich von seiner charmantesten Seite und überschüttet Laudon mit Artigkeiten. Er bittet ihn, bei Tafel an seiner Seite zu sitzen, denn er habe den General lieber neben sich als sich gegenüber. Fürst Kaunitz, sein ärgster Feind von früher, bietet dem Preußenkönig ein Bündnis mit Österreich an. So haben sich die Zeiten geändert! FRITZ lehnt nicht direkt ab; eine Allianz zwischen Wien und Berlin könnte ihm schon recht sein. Aber seit Zorndorf und Kunersdorf ist das Verhältnis zu Rußland für ihn *die* Existenzfrage! Der *»Draht nach Petersburg«* darf nicht abreißen.
FRITZ: *»Ich werde immer der Freund der Russen sein; aber niemals ihr Sklave.«*

**Sämtlich nach gleichzeitigen Porträts.*

Der preußische Drill.

Im Osten, über Polen, ziehen sich dunkle Kriegswolken zusammen. König FRITZ ist jedoch für alle Gefahren gerüstet. Seine Friedensarmee beträgt 120 000 Mann; davon 48 000 ausländische Söldner und 72 000 preußische Landeskinder, die etwa zehn Monate des Jahres vom Dienst beurlaubt (und für die Landwirtschaft tätig) sind. Im Durchschnitt stehen also 60 000 Mann ständig unter den Fahnen, davon ca. 12 000 gebürtige Preußen. FRITZ läßt seine Armee unablässig exerzieren (auf dem Bild das Erste Bataillon Leibgarde), und der Schotte James Boswell, der 1764 eine Parade in Potsdam besucht, berichtet darüber: *»Ich sah den König. Es war ein großartiger Anblick! Er trug einen einfachen blauen Rock mit einem Stern sowie einen einfachen Hut mit einer weißen Feder. In seiner Hand trug er einen Stock. Die Sonne schien strahlend. Er stand vor seinem Schloß mit einer Miene eiserner Zuversicht, welche keinen Widerstand duldete.«* Der sogenannte preußische Drill wird zu einem vielbewunderten und vielverspotteten Begriff in der Welt.

Ein frivoles Angebot.

1772 spitzt sich die Krise um Polen zu. Ausgegangen ist das Verhängnis von Österreich, das mitten im Frieden mehrere polnische Starosteien (Kreise) in der Zips (heutige nördliche Slowakei) mit Truppen besetzt hat. Polen ist schwach, ist innerlich von Adelsquerelen zerrissen. Es kann sich nicht wehren, seine Bewohner haben Angst vor dem riesigen, unersättlichen Nachbarn Rußland. Zarin Katharina II.*, eine hochintelligente, ehrgeizige Herrscherin, die aus Zerbst im Anhaltinischen stammt, empfäng in St. Petersburg den Bruder des ALTEN FRITZEN, Prinz Heinrich von Preußen. Sie versucht ihn zu animieren, dem Beispiel Österreichs zu folgen, und fragt ihn kokett, warum sich nicht auch Rußland und Preußen mit einem Stück der polnischen Beute bedienen könnten?!

**Katharina II., nach einem Porträt im Berliner Schlosse.*

Machtpolitik und Kalkül.

Rußland, Preußen und Österreich würfeln nun um die Souveränität der polnischen Krone. Der Staat Polen wird von den drei Großmächten lediglich als willenloses Objekt ihrer Machtpolitik betrachtet. Hat der ALTE FRITZ kein schlechtes Gewissen dabei? Nicht im geringsten; er verachtet das Nachbarland. Dabei muß man berücksichtigen, daß das damalige Polen mit einem Nationalstaat keinerlei Ähnlichkeit hat, sondern ein zusammengeraubtes Großreich ist, in dessen östlichen Landesteilen fast ausschließlich Ukrainer und Russen leben, die unter der hauchdünnen Decke einer ausbeuterischen polnischen Adelsschicht vegetieren, während im westlichen Pommerellen (Westpreußen) zu 55 Prozent Deutsche wohnen. Dem polnischen Volk selbst geht es miserabel. Die Bauern sind durchweg Leibeigene: sind verkaufbar und vertauschbar, der Willkür ihrer Priester und Adligen hilflos ausgeliefert. Ein polnischer König, Stanislaus, hat über sein Reich gesagt, es sei das einzige Land der Welt, *»wo die Masse des Volkes aller Rechte der Menschheit entbehrt«*. FRITZ jedenfalls ist Polen völlig gleichgültig. Sein Kalkül ist es, sich über die polnische Frage mit Rußland zu alliieren! Allerdings so: machen die Russen einen Schritt nach Westen, so wird er einen nach Osten machen.

Die Verkleinerung Polens.

Die drei schwarzen Adler (Rußland, Preußen und Österreich) eignen sich schließlich große Grenzgebiete Polens an. Rußland bekommt 1 700 Quadratmeilen (alles Land ostwärts von Düna und Dnjepr), Österreich 1 500 (Ostgalizien und Rotrußland), Preußen 690 (Westpreußen, das Bistum Ermland und den Netzedistrikt; ausgenommen die Städte Danzig und Thorn). König FRITZ hat nun endlich die langerstrebte Landverbindung von Brandenburg über Pommern nach Ostpreußen gewonnen. Und sofort beginnt er mit dem Wiederaufbau der völlig verkommenen und kaum mehr existenzfähigen Städte Westpreußens (Kulm, Graudenz und Bromberg), verbessert die Infrastruktur der neuen Provinz, indem er die Verkehrsverhältnisse modernisiert, und siedelt 12 000 Kolonisten an. Vor allem aber läßt er unverzüglich, nämlich am 28. 9. 1772, die vollständige Befreiung aller Bauern von Leibeigenschaft und Sklaverei verkünden! Denn anders als in seinen Stammlanden braucht er hier auf den Adel und dessen Vorrechte keine Rücksicht zu nehmen. Im übrigen kennt FRITZ seine Grenzen sehr genau. Als die Russen zehn Jahre später, 1782, den *»stets uneinigen wetterwendischen«* Polen weitere Gebiete abknöpfen wollen, instruiert er seine Gesandten, daß an eine weitere Verkleinerung Polens *»nicht zu denken«* sei.

Das »kleine Haus«.

**Sanssouci, von der obersten Terrasse aus gezeichnet.*

Der ALTE FRITZ ist inzwischen für seine Mitmenschen zu einem Mythos geworden: zum Sinnbild, zur leibhaftigen Verkörperung des Preußentums. In der ganzen Welt kennt man die flachgestreckte Silhouette des Schlosses von Sanssouci*, und die Zahl der Legenden und Anekdoten über den Preußenkönig wird Legion. Der kleine, alte Mann in Potsdam scheint dem normalen Sterblichen unendlich weit entrückt. Dabei ist es kein Problem, in den Park von Sanssouci einzudringen. Ein Zeitgenosse berichtet, wie er den Weinberg hinaufstieg, das Schloß vor sich erblickte, Licht sah, aber keine Wache, *»keinen Menschen, der mich gefragt hätte, wer ich sei und was ich wolle. Ich sah nichts und ging frei und froh umher vor diesem kleinen, stillen Hause.«* Und der 29jährige Johann Wolfgang Goethe schreibt 1778 anläßlich eines Potsdambesuchs: *»Dem Alten Fritz bin ich recht nah worden. Da hab ich sein Wesen gesehen, sein Gold, Silber, Marmor, Affen, Papageien und zerrissene Vorhänge!«*

In der Bildergalerie.

Am liebsten weilt der ALTE FRITZ in seiner Bildergalerie zu Sanssouci*. Gewöhnlich besucht er sie von elf bis zwölf Uhr vormittags. Wenn er schlechter Laune ist, knallt er die Tür hinter sich zu. Um zwölf Uhr kommt dann einer seiner Lieblingshunde (*»Biche«* oder *»Alkmene«*) und kratzt an der Tür: Essenszeit. FRITZ tritt heraus und ist wieder heiter und vergnügt. In der Bildergalerie hängen 172 Italiener, Niederländer und Franzosen. Rubens, van der Werff und den Franzosen Watteau schätzt König FRITZ vor allem. Seine beiden Lieblingsbilder sind Correggios *»Leda, mit ihren Gespielinnen badend«* und *»Jo, von einer Wolke umarmt«*. Klassische Harmonie und graziöse Heiterkeit: an ihnen erbaut sich der schönheitshungrige Sinn des Königs.

**Der große Saal in der Bildergalerie von Sanssouci, nach der Natur gezeichnet.*

Die letzten Klänge.

**Das Lokal ist das Musikzimmer im Potsdamer Schlosse, in welchem jener Flügel und die Notenpulte noch befindlich. Benda und der Erbprinz von Braunschweig nach alten Porträts.*

Bis 1777 erklingen in Potsdam noch die berühmten Flötenkonzerte; im Winter abends zwischen sechs und sieben Uhr, vor geladenen Gästen. Im Vordergrund sieht man des Königs Konzertmeister Franz Benda, dahinter den Erbprinzen von Braunschweig (beide Violine)*; neben ihm spielt der Prinz von Preußen, der künftige Thronfolger, im Sitzen das Violoncello; König FRITZ bläst die Querflöte; im Hintergrund lauscht die verwitwete Kurfürstin Marie Antonie von Sachsen. Fasch, der Stifter der Berliner Liedertafel, der den König oft auf dem Flügel begleitete, berichtet, daß niemand die Adagios auf der Flöte *»so rührend und edel«* vorgetragen habe wie FRITZ. Ab 1778 schweigt die Musik. Der ALTE FRITZ, der die Vorderzähne verloren hat und dessen Hände zittern, legt die geliebte Querflöte für immer beiseite.

»Das gelobte Land«.

*Nach der Natur gezeichnet.

Ende der siebziger Jahre schreibt der ALTE FRITZ in seinem Arbeitskabinett im Schloß von Sanssouci* einen Aufsatz über die deutsche Literatur. Es ist ein Totalverriß! Die deutschen Intellektuellen schreien entrüstet auf (und haben ihm diese Arbeit bis heute nicht verziehen). In der Tat versteht FRITZ von der deutschen Literatur seiner Zeit nichts. Doch was er über die deutsche Sprache schreibt, ist so falsch nicht! Das herrliche Lutherdeutsch war im siebzehnten und achtzehnten Jahrhundert zu einem bezopften Bürokratenstil umständlichster Art verkommen. Erst die große Sprachrevolution der Goethe, Schiller, Kleist sollte das Deutsche wieder zu einer Kultursprache ersten Ranges machen. Und genau das prophezeit FRITZ am Ende seines Essays! Er prophezeit es mit bewegenden Worten: *»Wir werden unsere klassischen Schriftsteller haben. Jeder wird sie lesen, um sich an ihnen zu erfreuen. Diese schönen Tage unserer Literatur sind noch nicht gekommen; aber sie nahen heran. Ich sage es Euch, sie werden erscheinen! Ich selbst werde sie nicht sehen; mein Alter gestattet mir dazu keine Hoffnung. Ich bin wie Moses: Ich sehe von fern das gelobte Land, aber ich werde es nicht betreten.«*

Pflicht und Schuldigkeit.

Der ALTE FRITZ empfängt eine Abordnung von Greiffenberger Bürgern. Die Stadt Greiffenberg in Schlesien war infolge einer Feuersbrunst völlig abgebrannt, hatte aber mit Hilfe des Königs, der großzügig Baugelder verteilte, innerhalb eines Jahres wiederaufgebaut werden können. Die Abgeordneten glauben nun, dem König ihre untertänigste Dankbarkeit zu Füßen legen zu müssen. Ihr Bürgermeister versichert: *»Wir werden Gott bitten, daß er Euer Majestät für das königliche Geschenk göttlich belohne!«* König FRITZ antwortet: *»Ihr habt nicht nötig, Euch dafür bei mir zu bedanken. Es ist meine Pflicht und Schuldigkeit, meinen verunglückten Untertanen wieder aufzuhelfen.«*

»Jedem das Seine«.

**Nach der Natur gezeichnet.*

Sonntagmorgens auf dem Paradeplatz im Potsdamer Lustgarten: Links kommen Kadetten aus der Garnisonkirche*, rechts unterhalten sich Offiziere der Potsdamer Garderegimenter miteinander. Die Szene charakterisiert deutlich den spätfriderizianischen Staat, in dem jeder seinen festen Platz innerhalb eines vorgeschriebenen Gesellschaftssystems hat, nach dem Leitsatz: *»Suum cuique« (»Jedem das Seine«).* An diesem starren Ständesystem läßt der ALTE FRITZ nicht rütteln. Der Adel ist dazu da, das Offizierskorps und die höhere Beamtenschaft zu stellen. Das Bürgertum betreibt Handel und Gewerbe und ist vom Kriegsdienst befreit. Die Bauern sind zugleich *»Nährstand«* und *»Wehrstand«*, tragen also eine doppelte Last (sind aber als Soldaten zehn Monate im Jahr nach Hause beurlaubt). Alle sollen an dem ihnen vorherbestimmten Platz gefälligst ihre *»Pflicht und Schuldigkeit«* tun, und für alle gilt der Text des Glockenspiels der Potsdamer Garnisonkirche:

»Üb' immer Treu und Redlichkeit
bis an Dein kühles Grab.
Und weiche keinen Finger breit
von Gottes Wegen ab.«

Unter der Linde.

So streng und konservativ der ALTE FRITZ an der althergebrachten Ständegliederung und Gesellschaftspyramide festhält, so fortschrittlich, ja revolutionär für seine Zeit besteht er auf dem Grundsatz absoluter Gleichheit aller vor dem Gesetz. Wenn er die Urteile seiner Gerichte liest, ist er voller Mißtrauen gegenüber den Reichen und Privilegierten im Lande. Er fürchtet, daß sie die einfachen Leute, die Niedrigergestellten, übervorteilen oder ausbeuten könnten. Und so gibt es denn auch in Potsdam, vor dem königlichen Schloß, eine *»Bittschriftenlinde«* (heutzutage ist dafür ein Petitionsausschuß zuständig), unter der sich die Leute aufstellen, die dem König schriftlich ihre persönlichen Beschwerden vortragen wollen.

Der Fall Arnold.

1779 wird ein Müller namens Arnold aus Pommerzig in der Neumark vom Gericht zu Prügel und Gefängnis verurteilt und von seiner Mühle vertrieben. Er hatte mit hohen Adligen Streit gehabt; und das Berliner Kammergericht unter dem Großkanzler von Fürst hatte das Urteil bestätigt. Jetzt reicht es dem ALTEN FRITZ; jetzt wird er vor aller Welt ein Exempel statuieren! Er wird dokumentieren, daß sich ein König nach seinem Verständnis als *»l'Avokat des pauvres«*, als *»Sachwalter der Armen«* verstehen soll. Der Großkanzler von Fürst*, ein besonders hochmütiger Herr, der sich in seinem Leben nie hat entschließen können, einem *»bloßen Bürgerlichen eine Audienz zu gewähren«*, muß im Dezember 1779 gemeinsam mit einigen Räten des Kammergerichts vor dem gichtkranken König erscheinen. FRITZ droht ihnen mit der Faust und nennt sie in höchstem Zorn: *»Canaillen, die keinen Schuß Pulver wert sind!«* Alle werden sofort aus ihren Ämtern gefeuert.

**Der Kanzler von Fürst nach gleichzeitigem Porträt.*

Prinz gleich Bauer.

Der ALTE FRITZ verfaßt in Sanssouci persönlich einen Text, den die »Berlinischen Nachrichten« am 14. Dezember 1779 veröffentlichen: *»Sie müssen wissen, daß der geringste Bauer, ja der Bettler ebenso ein Mensch ist wie Seine Majestät, der König. Und ihm muß alle Justiz (Gerechtigkeit) widerfahren. Denn vor der Justiz sind alle Leute gleich! Es mag sein ein Prinz, der gegen einen Bauern klagt, oder umgekehrt: so ist der Prinz vor der Justiz dem Bauern gleich! Und bei solchen Gelegenheiten muß nach der Gerechtigkeit verfahren werden; ohne Ansehen der Person.«* Es ist der revolutionärste Text, der vor 1789 (Französische Revolution) veröffentlicht wird! Er macht Sensation und verbreitet sich wie ein Lauffeuer durch ganz Europa. In Paris zeigen Radierungen den Preußenkönig mit einer Waage in der Hand, die zugunsten des Volkes niedersinkt. FRITZ hat gehandelt, wie es einst sein Vater, der Soldatenkönig, ihn gelehrt hat.

Macht und Recht.

Der ALTE FRITZ hat im Falle des Müllers Arnold kraft seiner königlichen Autorität das Recht gebeugt und in die Justiz eingegriffen. (Arnold war übrigens im Unrecht, wie sich später herausstellt.) Doch er hat es im Sinne einer höheren gesellschaftlichen Gerechtigkeit getan! Adel und Großbürgertum demonstrieren gegen den König und fahren mit ihren Kaleschen bei Herrn von Fürst zur Audienz vor. Aber das Volk strömt zu Tausenden vor dem königlichen Schloß zusammen und ruft: *»Es lebe unser König, der dem armen Bauern zu seinem Recht verhilft!«* FRITZ hat ganz bewußt die reaktionäre Juristenclique von Berlin entmachtet. Nun, im Frühjahr 1780, begibt sich der König wieder nach Sanssouci und holt aus Schlesien den reformfreudigen Gerichtspräsidenten von Carmer in die Hauptstadt, unter dessen Leitung sogleich die Arbeiten am *»Allgemeinen Landrecht für die preußischen Staaten«* (ein Bürgerliches Gesetzbuch also) forciert werden. Der alte König kann beruhigt in Sanssouci spazieren gehen: Mit seiner Hilfe haben in der Justiz die reformerischen Kräfte gesiegt.

Die zärtlichen Temperamente.

Der alte König liest in seinem Kabinett einen Beschwerdebrief der Oberhofmeisterin, Frau von Camas. Ein junges, unverheiratetes Hoffräulein ist in andere Umstände gekommen. Wie soll man sie bestrafen? FRITZ lächelt und antwortet: *»Ich, mit den Schwächen unserer Gattung sehr nachsichtig, werfe nicht den ersten Stein auf Hof- und Ehrenfräuleins, welche Kinder bekommen. Das ist ein ganz normales Ereignis. Es gibt keinen Hof, kein Kloster, wo es nicht vorfällt. Die Damen pflanzen ihre Art fort, statt daß die bärbeißigen Politiker sie durch ihre unseligen Kriege zerstören! Ich gestehe Ihnen, daß ich die zärtlichen Temperamente mehr liebe als die Keuschheitsdrachen, die über ihresgleichen unbarmherzig herfallen, und die zanksüchtigen Frauen, die im Grunde boshaft und unheilstiftend sind. Man erziehe das Kind mit Sorgfalt, entehre nicht eine Familie und entferne ohne Aufsehen und Ärgernis das arme Mädchen vom Hofe und schone ihres Rufes soviel als möglich.«*

Zwei alte Kameraden.

Allmählich wird es einsam um den ALTEN FRITZ. Fast alle seine Freunde sind gestorben. Es gibt keinen Voltaire und es gibt auch keinen Seydlitz mehr. Nur der fromme Husarenvater Zieten lebt noch. Er hat nach dem siebenjährigen Krieg mit 65 Jahren ein junges Fräulein von Platen geheiratet und mit ihr noch Söhne und Töchter gezeugt. Jetzt wohnt er in Berlin, Kochstraße 62, wo ihn der König regelmäßig besucht. Zu Karneval 1784 erscheint Zieten, 85 Jahre alt, im Parolesaal des Berliner Schlosses. FRITZ sieht seinen alten General*, begrüßt ihn, läßt einen Sessel bringen und nötigt ihn zum Platznehmen. Zieten weigert sich standhaft, vor seinem König zu sitzen. Schließlich FRITZ: *»Setz' er sich endlich, sonst gehe ich fort. Denn ich will ihm durchaus nicht zur Last fallen!«* Zieten gehorcht. Ein Jahr später stirbt der Husarengeneral. FRITZ spricht tagelang mit niemandem. Dann sagt er: *»Auch im Tode macht unser alter Zieten den Anfang. Im Kriege kommandierte er immer die Avantgarde (Vorhut); ich führte die Hauptarmee. Ich werde nun bald, wie im Kriege, auf ihn folgen.«*

** Alle nach gleichzeitigen Porträts.*

»Ein flüchtiger Übergang«.

**Das Lokal, die erste Terrasse vor der Bildergalerie, nach der Natur gezeichnet.*

Das Frühjahr 1785 kommt. Der ALTE FRITZ ist nun 73 Jahre alt. Er weiß, daß es allmählich zu Ende geht. Bereits fünf Jahre früher hat er an einen Freund geschrieben: *»Bald belustigt sich das Podagra, bald das Hüftweh, bald ein eintägiges Fieber auf Kosten meines Daseins. Sie bereiten mich vor, das abgenutzte Futteral meiner Seele zu verlassen.«* Seinen berühmten und gefürchteten Witz hat er noch nicht verloren. Einem Geheimen Rat F., der sich über ein anrüchiges Haus in seiner Straße beschwert, antwortet FRITZ: *»Mein lieber F. In Eurem und meinem Alter kann man nichts mehr machen. Wir wollen diejenigen machen lassen, die noch können.«* Seine ganze Freude sind die Besuche in der Bildergalerie und die Spaziergänge im Park von Sanssouci. Er erwartet nichts mehr und genießt jeden Sonnenstrahl. Manchmal plaudert er mit den beiden Generälen Pfuhl und Rohdich (hinter ihm), die ihn des öfteren begleiten*. Meist schweigt er vor sich hin. Was war der Sinn seines Lebens? Was ist überhaupt der Sinn des Daseins? Er weiß längst, daß jedes bedeutende Menschenleben eigentlich nur die Geschichte eines Scheiterns ist. Aber das menschliche Ausgeliefertsein gegenüber den Fügungen des Schicksals verleiht in seinen Augen niemandem das Recht, seine eigenen Kräfte brachliegen zu lassen. In seinem Testament schreibt er: *»Unser Leben ist nur ein flüchtiger Übergang vom Augenblick unserer Geburt zu dem des Todes. Während dieser Spanne Zeit hat der Mensch die Bestimmung, zu arbeiten für das Wohl der Gesellschaft, der er angehört.«*

Das letzte Manöver.

Im August 1785 fühlt sich der König sehr hinfällig, oft von Fiebern geschüttelt. Dennoch erscheint er zu den großen Manövern von 50 000 Mann in Schlesien. Alles, was Rang und Namen hat, ist versammelt: die Herzöge von Braunschweig, der Herzog von Sachsen-Weimar, die Herzöge von York und Kurland, Lord Cornwallis und der Marquis de Lafayette, dazu noch dreizehn britische, sechs französische, acht sächsische Offiziere und ein polnischer General namens Lubomirski. Alle wohnen in den Schlössern der Umgebung. FRITZ übernachtet beim Dorfschulzen von Groß-Tiez. Am Haupttag der Revue mustert der alte König sechs Stunden lang bei strömendem Regen seine Truppen. Er ist *»ganz des Teufels«*, wie ein zeitgenössischer Bericht sagt: *»Die Krücke flog ihm nur so in der Hand! Und alle Augenblicke hieß er bald den einen, bald den anderen Stabsoffizier sich in Teufels Namen hinter die Fronte scheren.«*

Stille Tage 1786.

**Die Rampe am Potsdamer Schloß, sogenannte grüne Treppe, ist nach der Natur gezeichnet.*

Einer der letzten Besucher, die der ALTE FRITZ in Potsdam empfängt, ist der Graf Mirabeau, der bald eine große Rolle in der Französischen Revolution spielen wird. Es ist am 25. Januar 1786, also einen Tag nach des Königs 74. Geburtstag. Mirabeau macht sich seine Gedanken und schreibt nach der Audienz: *»Ist es denkbar, daß alle Nachfolger Friedrichs genauso unermüdlich sein werden wie er?«* Der scharfsichtige Graf ahnt, daß das friderizianische Preußen nach dem Tode seines Königs schweren Zeiten entgegengehen wird. (Und wirklich: Genau zwanzig Jahre nach FRITZENS Tod, 1806, bricht der preußische Staat unter den Schlägen Napoleon Bonapartes zusammen. Allerdings: 1813 erhebt sich Preußen wie ein Phönix aus der Asche, und die preußische Armee kämpft und siegt im Geiste des Preußenkönigs.) FRITZ wartet sehnsüchtig auf den Frühling. Am frühen Nachmittag läßt er sich bisweilen auf die sogenannte grüne Treppe des Potsdamer Schlosses einen Stuhl setzen*, um die milde Frühjahrsluft zu genießen. Er schaut in die Sonne und sagt: *»Bald werde ich Dir näherkommen.«*
Anfang April wird der Marquis de Toulongeon von ihm in Audienz empfangen. Der Marquis sieht das weiße, faltige Gesicht und die Bandagen um das von Wasser geschwollene Bein, er hört den bellenden Husten des ALTEN FRITZEN. Schon nach wenigen Minuten wird der König weggetragen, und Toulongeon ist es, *»als hätte ich den Geist eines Helden aus einer anderen Welt gesehen«*. Wenige Tage später bessert sich das Befinden, und am 17. April verläßt FRITZ um sechs Uhr früh das Potsdamer Schloß, fährt ein paar Stunden durch die Havellandschaft und begibt sich dann in sein geliebtes Sanssouci.

Tempel der Freundschaft.

**Der Freundschaftstempel im Garten von Sanssouci, nach der Natur gezeichnet.*

Auf seinen Krückstock gestützt, durchwandert der ALTE FRITZ den Park von Sanssouci und erinnert sich an sein abenteuerreiches Leben. Immer plastischer treten ihm die Gestalten und Ereignisse seiner Jugend vor Augen: der strenge Vater, die Mutter, und vor allem Wilhelmine, seine Lieblingsschwester. Ihr, der späteren Markgräfin von Bayreuth, hat er ein bezauberndes Denkmal im Park von Sanssouci* errichtet, zu dem er jetzt häufig seine Schritte lenkt und über das er an Voltaire geschrieben hat:

»Ich habe für diese Schwester das aufgeführt, worauf Cicero für seine Tullia dachte, und ihr zu Ehren einen Freundschaftstempel errichten lassen. Im Hintergrund steht ihre Statue, und an jeder Säule ist ein Medaillon von einem Menschen befindlich, der sich durch Freundschaft auszeichnete. Der Tempel liegt in einem Boskett meines Gartens, und ich gehe oft dahin, um an so manchen Verlust und an das Glück zu denken, das ich einst genoß.«

»Sie sollen keine Sklaven sein!«

Am 4. Juli 1786 sitzt der ALTE FRITZ zum letzten Mal zu Pferde. Er reitet eine dreiviertel Stunde lang, meist im Galopp, durch den Großen Garten von Sanssouci. Dann schwinden die Kräfte langsam dahin. Seit dem 8. Juli hält sich der Minister Herzberg* in Sanssouci auf und unterstützt den König bei den anfallenden Arbeiten, die FRITZ bis zum vorletzten Tag vor seinem Tod mit eiserner Selbstdisziplin erledigt. Anfang August, schon sehr schwach, diktiert er folgende Kabinettsorder an den Kammerpräsidenten Goltz in Königsberg: *»Ich bringe in Erfahrung, daß auf der Seite von Tilsit noch ein großer Morast trockenzulegen ist. Das Terrain soll zu meinen Ämtern gehören. Die Bauern, welche da angesetzt werden, müssen ihre Güter alle eigentümlich haben, weil sie keine Sklaven sein sollen! Es ist ferner die Frage, ob nicht* alle *Bauern in meinen Ämtern aus der Leibeigenschaft gesetzet und als Eigentümer auf ihren Gütern angesetzt werden können? Ich erwarte darüber Eure Anzeige etc. etc.«*

**Der Minister Herzberg ist nach gleichzeitigem Porträt.*

Der König stirbt.

Am 16. August 1786 findet ein Manöver der Potsdamer Garnison statt, das König FRITZ noch befohlen hat. *»Als das Manöver exekutiert wurde«*, berichtet ein Teilnehmer, *»und wir eben im Avancieren waren, kam die Nachricht, daß sich die Gesundheit des Königs merklich verschlimmere.«* Als General Rohdich um 7 Uhr früh nach Sanssouci kommt, um die Tagesparole zu empfangen, kann FRITZ nicht mehr sprechen. Rohdich tritt mit Tränen in den Augen ab. Der König erholt sich ein wenig, klagt ständig über Frost und läßt sich mit Kissen zudecken. Seinem Hund, neben ihm auf dem Stuhl, läßt er ebenfalls ein Kissen holen. Gegen 22.20 Uhr abends flüstert er: *»Cela sera bon. La montagne est passée.« (»Gleich wird es besser gehen. Der Berg ist überwunden.«)* Am 17. August 1786, um 2.20 Uhr morgens, stirbt FRITZ, der König, in den Armen seines Dieners Strützki, der ihn vier Stunden gestützt hat. Bei ihm sind nur die Kammerdiener Neumann und Schöning. Da FRITZ nur alte, zerrissene Hemden hat, zieht ihm Schöning sein Bräutigamshemd an. Dann kleidet man den toten König in die Uniform des Ersten Bataillons Leibgarde. Er wird punktiert, um ihm das Wasser zu entziehen, und nun gleicht sein Körper dem eines Kindes. Das eisgraue Haar wird leicht gepudert und in kunstlose Locken gelegt. Die Totenmaske wird abgenommen. Die Anwesenden blicken stumm auf die Handvoll Knochen, die einen Körper zusammenhielten, in welchem der Geist Friedrichs des Großen lebte.

Der letzte Weg.

**Das Brandenburger Tor zu Potsdam nach der Natur.*

Am Abend des 18. August, 20 Uhr, wird der Leichnam des ALTEN FRITZEN von Sanssouci zum Potsdamer Stadtschloß überführt. Der Sarg steht auf einem Holzwagen, der mit Reifen überspannt und bis zur Erde mit schwarzem Tuch verhangen ist. Acht Rappen ziehen das Gefährt, das seinen Weg durch das Brandenburger Tor von Potsdam* nimmt. Drei Wochen später findet das feierliche Leichenbegängnis in der Garnisonkirche zu Potsdam statt. Es wird genauso ausgerichtet, wie es beim Tode des Vaters, Friedrich Wilhelms I., gehalten wurde. Und unmittelbar neben dem Vater, in der Gruft unter der Kanzel der Potsdamer Garnisonkirche, wird FRITZ, der König, zur letzten Ruhe gebettet. Bei der Nachricht von seinem Tode soll ein Bauer in Schwaben gefragt haben: *»Wer wird nun die Welt regieren?«*

***Friedrichs Gruft in der Garnisonkirche zu Potsdam. An Ort und Stelle gezeichnet.*

In der Gruft unter der Kanzel der Potsdamer Garnisonkirche** stehen die Särge Friedrichs des Großen und seines Vaters bis gegen Ende des Zweiten Weltkriegs.

B.M. 1842

THEODOR FONTANE, der Dichter des Preußentums,
hat ADOLPH von MENZEL, dem Maler des Preußenkönigs, zum siebzigsten Geburtstag, am 8. 12. 1885, folgendes Gedicht gewidmet
(hier unwesentlich gekürzt):

Auf der Treppe von Sanssouci.

Von Marly kommend und der Friedenskirche
Hin am Bassin (es plätscherte kein Springstrahl)
Stieg ich treppan; die Sterne blinkten, blitzten,
Und auf den Stufenaufbau der Terrasse
Warf Baum und Strauchwerk seine dünnen Schatten.
Rings tiefe Stille, selbst der Wache Schritt
Blieb lautlos auf dem überreiften Boden,
Und nur von rechts her, von der Stadt herüber,
Erscholl das Glockenspiel.

Nun schwieg auch *das*.
Und als mein Auge, das auf kurze Weile
Dem Ohr gefolgt war, wieder vorwärtsblickte,
Trat aus dem Buschwerk – und ich schrak zusammen! –,
Er selbst: im Frackrock, hinter ihm das Windspiel
(Biche, wenn nicht alles täuschte), dazu Krückstock
Und Hut und Stern. Bei Gott, es war der König!

Was tun? Ich dacht' an Umkehr; doch sein Auge,
Das FRITZEN-Auge bannte mich zur Stelle;
So hielt ich denn und machte Front!

»Wie heißt Er?«
Ich stotterte was hin.

»Und sein Metier?«
»Schriftsteller, Majestät. Ich mache Verse.«

Der König lächelte: »Nun hör' Er, Herr,
Ich will's ihm glauben. Keiner ist der Tor,
Sich dieses Zeichens ohne Not zu rühmen.
Dergleichen sagt nur, wer es sagen muß;
Der Spott ist sicher, zweifelhaft das andre.
Poète allemand! Ja, ja, Berlin wird Weltstadt.
Nun aber sag' Er mir, ich les' da täglich in Gazetten
Von Menzelfest und siebzigstem Geburtstag,
Und ähnlichem. Ein großer Lärm. Eh bien, Herr,
Was soll das? Kennt Er Menzel? Wer ist Menzel?«

Und dabei flog ein Zug um seinen Mund,
Als wiss' er selber Antwort auf die Frage.

»Zu Gnaden, Majestät«, begann ich zögernd,
»*Die* Frag' ist schwer, das ist ein Doktorthema.
Ja, wer ist Menzel? Menzel ist sehr vieles:
Schwerin und Seydlitz, Leopold von Dessau,
Der alte Zieten, Ammen, Schlosserjungen,
Kathol'sche Kirchen, italien'sche Plätze,
Schuhschnallen, Bronzen, Walz- und Eisenwerke,
Stadträte mit und ohne goldne Kette,
Minister, mißgestimmt in Kaschmirhosen,
Straußfedern, Hofball, Hummermayonnaise,
Der Kaiser, Moltke, Gräfin Hacke, Bismarck . . .«

»Outrier er nicht!«

»Ich spreche nur die Wahrheit.
Bescheidne Wahrheit nur. Er durchstudierte
Die groß' und kleine Welt. Was kreucht und fleucht,
Er gibt es uns im Spiegelbilde wieder.
Am liebsten aber (und mir schwoll der Kamm,
Ich war im Gang, »jetzt oder niemals« dacht' ich),
Am liebsten aber gibt *die* Welt er wieder,
Die FRITZEN-Welt, auf der wir just hier stehn:
Im Rundsaal, vom Plafond her, strahlt der Lustre,
Siebartig golden blinkt der Stühle Flechtwerk,
Biche (»komm, mein Bichechen«) streift die Tischtuchdecke,
Champagner perlt, und auf der Meißner Schale
Liegt, schon zerpflückt, die Pontac-Apfelsine . . .«

»Nun lass' Er nur. Ich weiß schon.«

Und er lüpfte
Den Hut und ging. Doch sieh, nur wenig Schritte,
So hielt er wieder, wandte sich und winkte
Mich an die Seit' ihm. »Hör Er, Herr; ein Wort noch:
Er hat bestanden; so lala. Denn wiss' Er,
Ich kenne Menzel wie mich selbst und wär' ihm
Erkenntlich gern. Emaille-Uhr? Tabatière?
Vielleicht ein Solitaire? Was macht ihm Spaß wohl?«

»Ach, Majestät, was soll ihm Freude machen?
Er hat vollauf von Gütern dieser Erde,
Hat Ansehn, Ehre, Titel, Ordenskreuze
(Pour le mérite, natürlich Friedensklasse),

Hat Freunde, Mut und Glück, und was die Hauptsach':
Hat seine *Kunst*. . .«

»Und fehlt ihm nichts?«

»Rein gar nichts.«

»Na, das ist brav. Comme philosophe! Das lob' ich
Und will nicht stören. Aber *eines* sagt ihm:
Ich lüd' ihn ein (er mag die Zeit bestimmen,
Ein Jahrer zehne will ich gern noch warten),
Ich lüd' ihn ein nach Sannsouci. Sie nennen's
Elysium droben; doch es ist dasselbe.
Dort find't er alte Freunde: Gen'ral Stille,
Graf Rotenburg, die ganze Tafelrunde.
Nur Herr von Voltaire fehlt seit Anno 70;
Franzose, rapplig. *Dieser* Platz ist frei.
Den reservier' ich ihm. Bestell' Er's! Hört Er?
Ich bin sein gnäd'ger König. Serviteur!«

SUUM CUIQUE